JN274046

消防小論文の書き方と対策

高見尚武 著

> どのような方面の仕事であれ、普段、私達がよく言う〈コンチクショウ〉という気概を持たねば、何人も成功はおぼつかない。
> なんにせよ、これがあらゆる仕事の要件であり、また、あらゆる成功の要件である。
> そして何にもまして、この倦怠感をじっと我慢することほど、必ず報われるものはない。
>
> （P・C・ハマトン）

まえがき

　消防の小論文に関する参考書が必要だと感じるようになったのは、つい最近のことである。よい消防小論文を書くための基本的な考え方、対策の立て方、効果のあがる勉強の仕方について、解説した参考書が見当たらないからである。
　先日、ある大きな本屋さんに立ち寄ったところ、論文・作文などの参考書を集めた専門コーナーが設けてあるのを見て驚いた。そこには公務員試験、教員試験、大学入試、会社の入社試験・昇任試験など、小論文対策、学術論文の書き方などの参考書が並んでいた。こんなに沢山ある参考書の中から、消防昇任試験に役に立つ参考書を選ぶには、容易なことではないなと、ふとそう思った。
　『論文のレトリック』（講談社学術文庫）という本の著者、澤田昭夫氏は「小論文模範文例集は、受験生にとって駄目な参考書だ。売れればよいといった商業主義的に書かれた模範文例集は、誰でも安易に飛びつきやすいが、内容に問題が多い」と、手厳しく批判し、警鐘を鳴らしておられる。私も同感である。
　消防の分野にも数こそ少ないが、文例集が出ている。読んでみると、消防の組織、特質、仕事の内容等についてよく知らない方が監修者であったりする。過去に出された小論文をテーマに答案を書かせ、それを添削し、講評するという形式である。文例集は、模範とすべき答案（合格点がもらえそうな文章）がベースになっていない場合が少なくないので、懸念される点が少なくない。これを丸暗記して試験に臨むとすれば、リスクは大きい。
　消防の社会は、階級制度を取り入れているので、受験者は数年ごとに上位の階級試験を受けなければならない。試験の都度、対策を立てるのも楽ではない。小論文対策で苦労しないためには、日々の仕事や生活を通じて、小論文作成に強くなるノウハウを持つことが重要である。
　ノウハウとは何か？　一言でいえば「リーダーシップやマネジメントについて、しっかり勉強せよ！」ということである。一般に受験者は、自分が受験する階級の試験問題だけに注目しがちである。しかも、階級ごとに異質の問題が出題されると思ってはいないだろうか。
　だが、実際の試験（副士長から司令長）では、程度の差こそあれ、組織、管理・監督、部下指導、リーダーシップ、人間関係、職場士気、公務効率、費用

対効果、安全管理等、マネジメントに関する問題が共通して出題されているのである。

あえて違いを見出せば、司令、司令長は管理的な問題に重点がおかれ、士長、司令補クラスでは部下指導、人間関係等、監督的な面が強調されるという点である。これらのことに早く気づいて対策を講じれば、それなりによい成果が得られるはずである。

是非とも、消防士長の段階からリーダーシップやマネジメントについて関心を持って勉強して欲しい。

本書では、第1部（第1章～第6章）で、小論文とは何か、小論文を書く上での心構え、傾向と対策、試験場での注意事項、計画的な準備・対策等を解説した。第2部（第7章～第13章）では、「小論文・実践編」と題し、過去に出題された小論文テーマを題材に、

- ✤ 出題のねらい
- ✤ 用語についての基礎知識
- ✤ 小論文作成のポイント
- ✤ 文例の研究（答案例）

の構成で解説した。

ちなみに「文例の研究」とは、端的に言うと答案例である。筆者が受験者の立場に立って研究しながら書いたものである。量的に多めに記述した。試験場では、限られた時間内で答案を書くことになるので、文例の研究で示した表現だけにとらわれることなく、自分ならばこのような観点から述べてみたいといった考え方をもって研究してほしい。

第13章は「行政課題・実務」に関するテーマであるが、それまでの章とは異なる方法で記述した。行政課題や実務に関する小論文問題は、各々の消防機関の実態が大きく異なるので、模範的な答案を作成することが難しい。このため、考え方や対策の在り方を中心に説明を試みた。ご了承いただきたい。

本書を十分にご活用いただき、魅力のある小論文を書かれることを期待したい。

平成16年5月

高　見　尚　武

目　次

第1部　小論文の書き方・傾向と対策

第1章　小論文を難しく考えるな

1　小論文は「論文」ではない……………………………………………3
2　小論文では、自分の考えを述べよ……………………………………4
3　自信のある答案を書け…………………………………………………5
4　小論文に必要なテクニックとは………………………………………6
5　文例集の暗記がダメな理由……………………………………………7
6　小論文で、失敗を繰り返さないために………………………………9

第2章　出題の傾向と対策

1　昇任試験・小論文の出題傾向………………………………………13
2　時代を背景にした問題には、要注意！………………………………15
3　士長、司令補にも求められる「管理・監督・指導力」……………16
4　毎年出る「経営理論」、どんな本で勉強するか……………………17

第3章　小論文の書き方

1　「導入」、「本論」、「まとめ」の構成で書こう………………………25
2　見出しを付け、筋道を立てて述べよ…………………………………26
3　自分より上位の階級の立場で考えて述べよ…………………………27
4　簡潔で論理的な文章を書け、新聞記事を手本に……………………28
5　大きなテーマには、条件設定をして書け……………………………30

6　答案は、楷書体で、読みやすい字を書け……………………………31

第4章　文章力を高めるノウハウ

    1　仮想問題を作って、答案練習をせよ……………………………35
    2　制限時間を決めて書く練習を………………………………………36
    3　推敲こそが、最良の文章訓練法……………………………………37
    4　発想を磨け……………………………………………………………37
    5　図を作り、知識の体系化を図れ……………………………………39

第5章　試験場での注意事項、タブー

    1　「始め！」の合図で、すぐ書くな…………………………………43
    2　出題意図をよく考えて、柱立てをせよ……………………………43
    3　柱立ては、答案用紙の余白にメモする……………………………44
    4　答案は汚さず、きれいに仕上げよ…………………………………45
    5　鉛筆は、HBまたはBがよい…………………………………………45
    6　答案は、必ず読み返そう……………………………………………46

第6章　日常生活や仕事に意識改革を

    1　コンチクショウの気概を持て………………………………………49
    2　知は現場にあり………………………………………………………49
    3　問題意識は、日々の仕事から………………………………………50
    4　小論文に役に立つ知識を整理せよ…………………………………52
    5　文章作成力とスピーチとの関係……………………………………53
    6　参考書に金を惜しむな………………………………………………54
    7　勉強時間は、捻出するもの…………………………………………55
    8　情報収集、アンテナを高くせよ……………………………………57

第2部　小論文・実践編

第7章　組織・人事・職場規律

例題1　組織の行動力を高めるため、消防士長の立場で組織人として心掛けなければならない点について述べよ。（士長） ……61

例題2　服務規律の必要性とそれを守るために心掛けていることを述べよ。（副士長） ……65

例題3　消防職員として職務を遂行していくうえで、いつも心掛けていることを述べよ。（副士長） ……71

例題4　道徳について、あなたの実践規範について述べよ。（＊） ……73

例題5　消防士長の職責について述べよ。（＊） ……77

例題6　あなたが消防司令補に昇任した場合、組織のなかで果たさなければならない役割について述べよ。（司令補） ……82

例題7　消防業務の推進とリーダーシップとの関係について述べよ。（＊） ……88

第8章　部下指導・人間関係

例題8　部下の育成が上手な上司の在り方について述べよ。（＊） ……95

例題9　上司の補佐と後輩職員の指導について、消防士長の役割について論ぜよ。（士長） ……99

例題10　職員の大量退職期の到来に備えて、人材育成方策と組織力（マンパワー）を維持する方策について述べよ。（司令） ……103

第9章　人間像・管理者像

例題11　経済の回復の兆しが見えないなかで、国、地方を問わず公務員に対する国民の目は厳しいものがある。このような中で21世紀に向けての消防の管理者像について論ぜよ。（司令）……………………111

例題12　期待される管理者像について述べよ。（司令長）………116

第10章　行政の簡素化・能率化・改善策・リストラ

例題13　消防行政のリストラについて述べよ。（司令）……………123

例題14　消防におけるリストラについて述べよ。（司令補）………128

例題15　消防を取り巻く情勢を概括し、消防行政の簡素で効率的な行政運営と消防の理解者を増やすための方策について、管理職としての所論を述べよ。（司令長）…………131

例題16　担当職務の問題点と解決策（改善策）について述べよ。（副士長）…………………………………………………137

第11章　自己啓発・能力の向上・問題意識

例題17　厳しい財政事情のなか、職員一人ひとりの資質の向上が大きく叫ばれている。あなたの自己啓発の考え方について述べよ。（士長）……………………………143

例題18　組織力、向上のための「部下啓発」について述べよ。（司令補）…………………………………………………147

例題19　部下の市民に対する接遇態度・能力の向上方策について述べよ。（司令）……………………………………150

例題20　部下の自己啓発を助長するための具体的方策について述べよ。（司令）……………………………………153

例題21　部下の担当職務に対する問題意識を高め、適正かつ効率的な業務を推進するための具体的な指導方法について述べよ。(司令補)……………………158

第12章　士気高揚、職場の活性化、職務意欲の向上

例題22　職務意欲の低下を招く要因を挙げ、消防司令補としてどのような対策があるか述べよ。(司令補)……………165
例題23　職務意欲の低下を招く要因を挙げ、消防司令としてどのような対策があるか述べよ。(司令)………………169
例題24　効果の上がる会議の在り方について述べよ。(＊)
　　　　……………………………………………………176

第13章　行政課題・実務に関する出題傾向と対策

1　行政課題・実務に関する出題傾向 ……………………185
2　階級別・出題テーマ一覧 ………………………………186
　(1)　消防士長 ………………………………………………186
　(2)　消防司令補 ……………………………………………187
　(3)　消防司令 ………………………………………………187
　(4)　消防司令長 ……………………………………………187
3　行政課題、実務に関する小論文対策 …………………190
　(1)　「社会の変革」を把握せよ …………………………190
　(2)　「重点施策、方針、事業計画」を理解せよ ………192
　(3)　「行政需要の増大」している業務に注目せよ ……193
　(4)　「財政の悪化」と公務能率の向上 …………………197
　(5)　市民行政 ………………………………………………198
　(6)　災害の「危機管理対策」……………………………199

参考文献

本書の使い方

****

1　本書に掲げた小論文テーマの多くは、過去に出題されたものである。

　　　各小論文テーマの末尾には括弧書きで、（副士長）（士長）（消防司令補）（消防司令長）と示したが、他のいずれの階級でも出題されやすいので幅をもって研究してほしい。

　　　なお（＊）は筆者が策定したものである。問題を多くこなすことも大事だが、一つひとつのテーマについて、時間をかけて研究して頂きたい。

2　「第2部　小論文・実践編」の小論文・例題の解説は、次のような構成とした。

- 出題のねらい
- 用語についての基礎知識
- 小論文作成のポイント
- 文例研究

　　＊必要に応じて「ワンポイント・レッスン」を掲げた。

3　「文例研究」について

　　　「文例研究」は、言わば答案例である。筆者が受験者の立場で作成したものである。これが唯一、無比の模範解答ではない。あくまでも参考にしてほしい。また、文章は量的に多めに記述した。

4　「第13章」の解説について

　　　「行政課題・実務」に関する小論文は、第2部の他の章とは異なるパターンで解説した。各消防本部・消防局の実情（人口、都市構造、災害危険度、職員数等）によって、大きな違いがあるからである。

第1部　小論文の書き方・傾向と対策

第1章　小論文を難しく考えるな

****

1　小論文は「論文」ではない

2　小論文では、自分の考えを述べよ

3　自信のある答案を書け

4　小論文に必要なテクニックとは

5　文例集の暗記がダメな理由

6　小論文で、失敗を繰り返さないために

****

1 小論文は「論文」ではない

「小論文が苦手だ」とこぼす人が多いが、小論文を書くのが好きで好きでたまらないという人はいないと思う。「苦手だ」と言ったところで、昇任・昇格を目指す以上、小論文試験は何度でも挑戦しなければならない関門である。だれもが同じスタートラインに立っているのである。

あえてアドバイスするとしたら、「努めて気楽に、あまり難しく考えないこと」、「ただし、小論文試験は必ずパスするという気構えだけは大事だ」と言うことだ。

ところで、あなたは、昇任試験の小論文は、「論文の小型化したもの」と思ってはいないだろうか。もしそうなら、それは大きな誤りである。

昇任試験の小論文は「論文」ではない。論文とは「自分が研究し、発見したことを書いた文章」のことを言い、学術論文、研究論文を指している。研究論文とは「はじめに（論文の趣旨）」、「研究対象と方法」、「考察」、「結論」などのパートから構成されているものである（玉川進『救急隊員のための論文の書き方』東京法令出版参照）。したがって、そういう格調の高い学術論文、研究論文を思い浮かべてしまえば、当然のことながら息苦しくもなるし、ストレスもたまるだろう。

昇任試験の小論文は、作文、レポート、意見書の類と考えてよいだろう。小論文という言葉は、公務員試験、教員試験、会社の採用試験、大学入試等でもよく使われているが、いずれも同義である。

大上段に構えないで、楽な気持ちで、自分が考えていることを単純明快、平易な文章で書けばよいのだ。

2　小論文では、自分の考えを述べよ

　消防昇任試験の小論文で大事なことは、どのようなテーマであっても、必ず自分の意見を加味して述べることが重要である。一般論、つまり用語の定義や原理原則を中心に抽象的な説明をするのでは合格点はもらえない。

　例えば、「管理と監督の違いについて述べよ」という問題が出たとする。答えとして、
　「管理とは、組織上の権限者が、法令や内部規則に基づいて、人、もの、金、情報を効率的に運用し、組織目的を達成することをいう。物事を管理するには、管理者が部下を有する場合と部下を持たずに単独で仕事をする場合がある。これに対し、監督（者）とは、組織上の管理権限（物事を処理決裁する権限）は持たないが、部下を掌握し、指導し、仕事を推進する立場にある人のことをいう。」
と書いたとしよう。
　確かに言葉の説明としてはこれでも良いのだろうが、出題者は「受験者が、管理・監督の重要性について、どの程度理解しているか」を問いかけているのであるから、自分の置かれている立場で、自分が日頃どう考え、どう思っているか、また上位の階級になったならどう行動するか、について述べないと意味がないのである。
　身近な事例を取り入れながら自分の意見を記述すれば、より説得力のある、魅力のある答案になるだろう。結果も大きく異なってくるはずである。

　もう一例挙げよう。「○○年度の○○市の重点施策について述べよ」といった問題は、何度も出題されている。ただ、このような単年度をテーマにした問題は、「知っているか」、「知らないか」で決まってしまうので、私はあまり良い問題だとは思わないが、市あるいは消防局の重点施策、方針などは、消防官なら必ず知っておかねばならない事柄である。すぐに対応できなければいけな

い。

　この答案の場合でも、「〇〇年度の重点施策」の内容を客観的に記述するだけでなく、なぜ重点施策として取り上げられたのか、その背景や重要性について説明し、さらに自分の意見が述べられるようにしておく必要がある。

　小論文で出題者が求めているのは、あくまでも主役である受験者「あなた」の意見であるからだ。

3　自信のある答案を書け

　昇任試験では、出題されたテーマに対しての受験者の考え、意見を述べるのであるから、自ら思うところを自信を持って書くことが大事である。

　こんなことを言うと、大多数の受験者から「自分自身が、自分の能力に対して疑心暗鬼なのだから、自信のある答案など書けるはずがない」と叱られそうだが、私が言いたいのはそういう意味の自信ではない。

　答案は、書く人の人柄が投影された文章である。自意識が過剰すぎても採点者に好感は持たれないが、謙虚過ぎても駄目なのである。謙虚な答案は嫌われないが、自信の無さを印象づける危険性が高いのだ。これが面接試験ならば、試験官も、受験者の話し方、態度を通じて、本当に自信のない人なのか、謙虚さからくる控え目なのかを判断することができる。小論文では答案のみで判断されてしまう。採点者に「幹部に昇格させても、安心して仕事を任せることができる人物だ」と、印象付ける答案でなければならない。

　例えば、「消防司令補の職責について述べよ」というテーマが出題されたとする。

　受験者は、消防司令補の職責とは何か、自分はどう考えているか、そして自分が司令補になったなら、その職責を果たすにはどのような行動をとるか、どのような観点に立って仕事をするか等、具体的に考えを述べなければならない。その際に重要なことは、「自分が司令補になったなら、十分に職責を果た

すぞ」といった力強く印象づけることが重要だ。そのためには、体系的に整理された情報を豊富に持って、万全の態勢で試験に臨まなければならない。日々の地味な努力の積み重ねがモノをいうのである。

4　小論文に必要なテクニックとは

　小論文の採点は、限られた日数で行われる。このため、採点者は答案を丁寧に何度も読み返したりすることはできにくい。だから、採点者が1回読めば理解できる、分かりやすい文章が要求される。
　また、昇任試験は、良くも悪くも相対的評価で決められるので、他の人の答案より好印象の小論文が書ければよい。消防組織への褒め言葉を使い心象をよくしようとしたりすることはよくないことである。
　採点者が1回読めば理解でき、好印象を持たれる小論文、しかも他人より優れた答案を作成するテクニックとはどういう手法をいうのだろうか。
　私自身の採点者としての経験から述べると、次のような点である。

回小論文に必要なテクニック

① 簡潔な見出しがあり、論理的に展開されている。（見出しで、全体の内容がすぐわかる。）
② 問題に対する答えとして必要な事項、受験者の意見が述べてある。
③ 誤字脱字がなく、読みやすい文章。
④ 「て、に、を、は」がしっかりしている（論旨が明快）。
⑤ 大きなテーマの場合は、ポイントを絞って述べてある。
⑥ 文献等をさりげなく引用してある（知識の広さがわかる）。

5　文例集の暗記がダメな理由

　小論文対策として文例集の丸暗記が駄目な理由は「まえがき」でも述べたが、「なぜ駄目なのか」ここで改めて具体的に説明する。
　私が手にした消防小論文『文例集』には、「出題意図」、「要点整理」、「類似問題」、「標準文例」、「作者のことば」等が見やすく整理されてあった。ただ、一見すると分かりやすいように思えるのだが、実際に中身をよく読むと、何が言いたいのか意味不明な箇所が少なくなかった。

　例えば、「消防副士長の役割について述べよ」の「出題意図」として、
　　「副士長はその役割を果たすために、その役割の要点をしっかり認識しなければならないのである」
と説明されていたが、これを読者はどう理解すればよいのか、戸惑うばかりであろう。
　私は、この問題の出題意図は「副士長というポストは組織の中でどのように位置づけられており、どのような責任を負わされているのか、について、受験者が具体的にどう理解しているかを判断すること」にあると考える。だから、受験者は、自分の置かれている状況、今、抱えている課題などを通じて自分の言葉で、ポイントを絞って具体的に、かつ簡潔に述べなければならない。

　また、「要点整理」欄には、論題の要点として
　　① 　担当職務の積極的実施
　　② 　チーム力の維持発展
　　③ 　コミュニケーションの円滑化
　　④ 　後輩の指導
を挙げていた。この「要点」自体はよいのだが、それに続く説明が、
　　「副士長もチームの一員として、チームを維持し、発展させることが仕事の遂行となり、仕事の発展になるのである。そのため副士長はチームメンバー

によく協力し、協調していかなくてはならない。」
とあり、何回も読み直してみたが、さっぱり意味がつかめなかった。

　さらに、「後輩の指導」の説明については、
　「副士長には後輩職員がいる。この後輩職員を、先輩である副士長が指導しなくてはならない。後輩は、副士長の一挙手、一投足を見ている。そして、それを真似ていく。ここに副士長の後輩に対するよりよい指導が必要となるのである。」
とあった。数行の文章の中に、後輩、先輩の用語が数多く繰り返されている。決して模範とすべき文章とはいえないだろう。しかも、最も重要と思われる「指導」や「自らが先輩としてのあるべき姿、リーダーシップの在り方」などの中身については、具体的な説明が見当たらないのである。致命的とさえいえよう。

　最後に「標準文例」が掲げてあった（文例は長いので省略）。私は、標準文例という以上、お手本でなければならないと考える。しかし、この本に掲げられた文例は、お手本とは言い難い内容であった。文例では「若い職員の指導」と「職員相互の意思疎通について」の二つの柱を設け、「部下指導」と「意思の疎通の重要性」を強調していたが、私はその二つだけでは不十分だと思う。
　副士長の役割は、組織上の責務、上司に対する補佐、同僚との連携、職務の推進、部下指導、人間関係、リーダーシップなど多様性があるからだ。したがって、このような文例をそのまま、うのみにして暗記することは、大きなリスクを伴うことになる。また、文例に頼り過ぎると自ら考える力が育たないので、説得力ある答案を書くことは難しい。
　消防小論文は、他人の書いた文例をそのまま引き写すのではなく、自分の考えや論点を明確にして述べなければいけない。

6　小論文で、失敗を繰り返さないために

　私は、消防司令の試験で一度失敗した。試験に失敗すると自信を失い、ストレスがたまりやすい。私の経験から言うと、昇任試験で失敗する人には、二つのタイプがあるように思われる。次の条件に該当する人は十分注意してほしい。
　①　試験が近づくと対症療法的に勉強する人
　②　資格・専門性があり、プライドが高い人（そのため自分の専門以外のことには、あまり関心を示さない。）
　例えば、「おれの方が仕事ができるのにおれは不合格で、彼はパスした。どういうことだ！」と首を傾げ不満を感じる人、このような人は多分②のタイプであろう。
　高度な専門的知識や資格を持っている人は、特定の分野で優れた能力を持っているが、その専門性を大事にするあまり、組織のマネジメントや目標管理、部下指導、人間関係の重要性について気付いておらず、関心を払わない傾向があるようだ。これでは、いくら専門性が高くとも中間管理職、管理・監督者としては失格である。消防の組織集団をまとめていく管理職は、いかにしてリーダーシップを発揮し、部下指導を行うかが大事なのである。経営学やマネジメントに関心を持ち、積極的に学習してほしい。
　消防という組織は、組織集団を統率し、目的に向かって持てるエネルギーと情熱を発散させるかが重要である。上位の地位に昇進すればするほど大所高所に立って組織集団をコントロールしなければならない。このため技法や考え方について勉強する必要がある。

第2章　出題の傾向と対策

****
1　昇任試験・小論文の出題傾向
2　時代を背景にした問題には、要注意！
3　士長、司令補にも求められる「管理・監督・指導力」
4　毎年出る「経営理論」、どんな本で勉強するか
****

第2章　出題の傾向と対策

1　昇任試験・小論文の出題傾向

　昇任試験を受験した後で出題された問題を持ち寄り、グループで研究する方がいらっしゃるが、情報を交換するうえで大切なことである。しかし、対策をどう立てるかは、自分自身の問題である。
　ウィルコックスは、「同じ風に吹かれながら、一隻の船は東に、もう一隻は西に向かう。どちらに進むかを決めるのは、帆の張り方であって、風ではない。」というすばらしい格言を残している。昇任試験も同じである。受験者がどのような帆の張り方をするかで、目的地の港に行き着く（合格）か、難破する（不合格）かが決まるのである。風の方向を「試験の傾向」とみるならば、「帆の張り方」が対策である。傾向を知り、対策を立て、勉強すればよいのである。ただし、自分の能力に応じた計画、対策を立てていただきたい。

　では、昇任試験・小論文の全般的な傾向について述べよう。
　全国の小論文試験問題を収集できたわけではないが、消防副士長から消防司令長までの試験問題を分類整理してみると、およそ次のような仕分けができる。イメージが膨らむように、それぞれ次に具体的なテーマを掲げておく。

① **階級別の職責・役割、組織に関すること**
　□　消防士長の職責について、あなたの考えを述べよ。
　□　あなたが消防司令補に昇任した場合、組織の中で果たさねばならない役割を述べよ（司令補）。
　□　組織の行動力を高めるために、消防士長の立場で組織人として心がけなければならない点について述べよ。
② **職位における人間像**
　□　消防人の望ましい人間像について述べよ。
③ **管理・監督、部下指導に関すること**
　□　部下指導の上手な上司とはどういう上司か、あなたの考えを述べよ

（司令補）。

- ☐ 消防職員は、職務遂行のために必要な基礎体力の向上に努めなければならない。主任のあなたが、係長からトレーニングルーム等の施設を活用した体力練成の計画を作成するよう指示を受けたとしたら、どのような考え方で計画を立てるか、具体的に述べよ（司令補）。

④ 職場の士気・活性化、上司・部下の人間関係
- ☐ あなたが中間監督者として仕事を進めていく上で、部下の仕事に対する熱意、意欲を引き出すためにどのような方策をとるか、あなたの考えを述べよ（司令補）。
- ☐ 職務意欲の低下を招く要因を挙げ、主任としてどのような対策があるか、あなたの考えを述べよ（司令補）。

⑤ 社会的背景：（高齢化社会、リストラ策、財政の逼迫等）
- ☐ 我が国においては、これまで経験したこともない急激な速度で高齢化が進行し、当市においても同様である。このような状況の中で、今後どのように消防・防災行政を進めていくのか、あなたの考えを述べよ（司令）。

⑥ 公務能率：（目標管理）
- ☐ 部下の担当職務に関する問題意識を高め、効率的な業務の推進、目標管理を図るための指導方法について、あなたの考えを述べよ（司令）。

⑦ モラルに関すること：（公務員倫理）
- ☐ セクシャルハラスメントについて、あなたの部署でどう指導するか、具体的に述べよ（消防司令）。

⑧ 市民と消防行政：（行政の信頼、行政サービス等）
- ☐ 本年度〇〇消防本部の重点施策である「市民サービス等、接遇の向上」は、〇〇市全体の重要事業でもあるが、市全体の取組みの概要を述べ、次に、最も市民に身近に接する消防署主任として、どのような点に留意しているか、あなたの考えを述べよ（司令補）。

⑨ 消防実務：（行政の重点施策、計画、答申、財政、消防戦術等）
- ☐ 平成〇年度〇〇市消防局重点施策で掲げた、部門ごとの重点施策の

うち「防災対策」に係る事項を列挙し、その内容を記せ（司令補）。
□　特定任務小隊が◯月から運用されているが、「消防部隊運用要綱」に定める各特定任務内容を説明するとともに、普通火災における部隊編成での安全監視隊の小隊長としての活動要領、留意事項を述べよ（司令）。

2　時代を背景にした問題には、要注意！

　最近の小論文試験では、時代を背景にした問題が多い。この点を特に強調しておきたい。
　バブル経済が崩壊する1991年以前は、中央集権的体制の下に護送船団方式を組み、政治家、官僚、企業が一体となって社会全体を動かしてきた。リストラとか行財政の構造改革といったギスギスした問題もなく、終身雇用制度が確保され身分の安定した時代が続いた。しかし、バブル経済が崩壊することによって、不良債権問題に伴う企業倒産が増大し、十数年が過ぎた現在でも依然として先行き不透明な状態が続いている。
　政府は、構造改革なくして景気回復はあり得ないと強調し、行政も企業も従来の制度の在り方に根本的な見直しを図るよう訴えている。民間との対比において、行政の分野においても国と地方公共団体との関係、財政改革、公務能率の推進、経営的管理の導入の必要性について議論されている。行政の在り方を議論する際に、リストラ、費用対効果、能率、生産性の向上、財政破綻、組織の簡素化、説明責任、責任の所在等、経営的な用語が多く使われるようになった。しかし、用語の持つ意味も民間企業で使われる用語を公的機関に当てはめてみると必ずしも一致しない場合が少なくない。
　例えば、一般に「生産性の向上」といった用語が使われるが、行政はものを製造する企業ではないので、行政で「生産性を高める」といえば行政事務やサービス業務の能率の向上等、公共の福祉の増進を意味する。
　民間でいうリストラは、企業の統合、配置転換、人員削減等を意味するが、

行政でいうリストラは、必ずしも人員削減を意味しない。無駄のない効率的な仕事の仕方を意味する場合が少なくない。したがって、同じ用語の持つ意味や内容は企業と行政では、必ずしも一致しない。

民間で使われる経営用語を行政に当てはめれば、どのような意味で理解すればよいか研究しておく。

次のような問題は、小論文の材料になりやすいのでチェックしておこう。
- ☐ 業務の推進に伴う改善策
- ☐ 社会経済の変革に伴う諸問題（リストラ等）
- ☐ 役所に対する批判（行政サービス、非能率、予算の無駄遣い等）
- ☐ 公務員の不祥事に対する批判（公務員倫理、汚職等の犯罪）
- ☐ 財政の悪化に伴う改善策
- ☐ 高齢化社会の安全対策
- ☐ 放火等、犯罪の増加に伴う消防対策
- ☐ 人間関係、人間の真理、行動等に関すること。
- ☐ 倫理、道徳等に関すること。

3　士長、司令補にも求められる「管理・監督・指導力」

次の図は、管理監督者が業務を遂行する上でリーダーシップと自己啓発が重要であることを示している。

消防士は、知識・技能の占める割合が高い。ところが士長、司令補、司令、司令長と階級が上がるに従って、知識・技能（術）の占める割合が少なくなり、逆に判断能力やリーダーシップの占める割合が大きくなる。この傾向は、一般企業であろうとどこの職場でも同じである。消防は、士長→主任→係長→課長、小隊長→中隊長→大隊長、と階級制度を取り入れているので、職務上の責任や権限に違いはあるが、士長、司令補などの階級でも、組織管理、監督、リーダーシップなどの知識が共通して求められている。

第2章　出題の傾向と対策

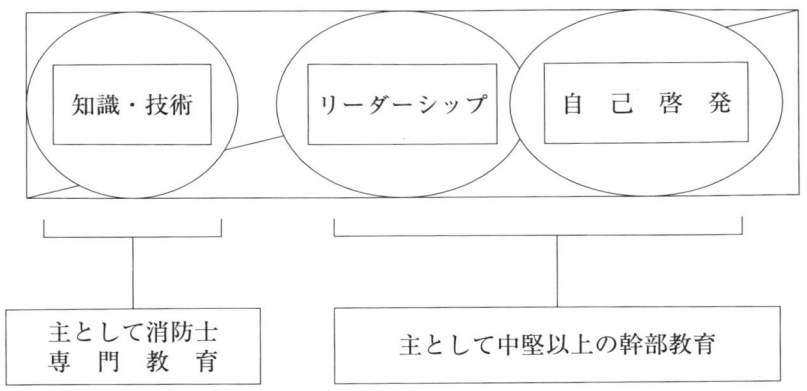

　強いて違いを見いだせば、士長・司令補は、監督指導に力点が置かれるのに対し、司令・司令長は、より強く管理・監督的な面が要請される点であろう。階級別に出題される試験問題だけに着目して対策を立てると、近視眼的な見方となるので、視野が狭くなり良い答案を書くことは難しい。

　階級制度の社会は、特にマンパワーが重視される。このため、人に着目した管理・監督、リーダーシップの発揮の仕方に重点を置いて対策を立てなければいけない。

4　毎年出る「経営理論」、どんな本で勉強するか

　経営理論（マネジメント）の問題は、いずれの階級でも出題されやすい。経営とは、一口で言えば、「人、もの、金、情報」を使って、能率的に組織目的を達成することにある。企業であれば、より多くの利潤を生み出すための手段を意味する。行政は、公共の福祉の増進を図るために、経営的な行政管理の下に、より少ないコストパフォーマンスで最大の効果（社会公共の福祉の増進）を生み出すことにある。

　消防で「人、もの、金、情報」といえば、①「消防職員」、②「消防署・施設・車両・装備・資器材等」、③「予算」、④「情報」等を意味する。これらを

いかに組織目的に役立てるかが、正に経営そのものといえる。このことが姿、形を変えて小論文試験に出てくるのだ。

消防目的を達成するには、
- 組織の適正管理
- 職場の倫理観
- 管理・監督
- 公務能率
- 職場の士気
- リーダーシップ
- 行政サービス

等が適正に行われる必要がある。

では、どんな本で勉強したらよいだろうか。
　まず、組織や管理については、経営管理の古典ともいわれるファイヨールの管理論、日本では山本安次郎訳『産業ならびに一般の管理』がある。テーラーの『科学的管理法』、メイヨーの『人間関係論』、レビァンの『リーダーシップ』等は、いずれも職場の管理や仕事の能率化、人間関係を勉強する上で参考になる。アメリカ海軍士官候補生用に書かれた『リーダーシップ論』（アメリカ海軍協会、武田文男、野中郁次郎訳、日本生産性本部発行）、『アメリカ海兵隊式最強の組織』（日経BP社発行）、『プロフェッショナルの条件』（P・Fドラッカー、ダイヤモンド社発行）等も参考になると思う。
　規律、士気、団結、統率等、言葉の持つ意味を正しく理解することが必要である。平素から本を読み、人の話を聞き、参考になることについて自分なりに図表化し、カードを作り、メモをして機会あるごとに読み返し、記憶に努めれば効果も大きいと思う。

　岩波国語辞典では、「管理」の意味を「よい状態であるように気を配り、必要な手段を（組織的に）使ってとりさばくこと」としているが、これは典型的

な「日本的管理」の説明である。戦後、欧米から経営学が導入され、欧米の科学的なマネジメントの考えが取り入れられるようになり、日本の組織・人事管理の風土の中で醸成されながら今日に至っている。

「組織とは何か？　管理とは何か？」と聞かれて、答えることができなければ、ファイヨールの『産業ならびに一般の管理』（H. ファイヨール、山本安次郎訳　ダイヤモンド社）を読むと参考になる。

説得力のある小論文を書くには、欧米のマネジメントに関心を持ち、理解し、実務との関係において自らの考えを持つことが必要だと思う。

次図は、ファイヨールの『産業ならびに一般の管理』から引用して作成したものである。「一般に組織を管理するには、14の原則が必要」だという。

ファイヨールは同著の中で、次のように説明している。

「規律」とは

「規律とは、本質的には、服従、勤勉、活力、態度であり、それは要するに、経営とその従業員との間に締結された協約に遵（したが）ってこれを守る尊重の念の外的表現である。」

「規律尊重の感情は陸軍の教練指導書の中に大きな力を入れて表現されている。そこにはこう書かれている。すなわち『規律は軍の主力を形成する』と。私はこの格言にもう一つ、『規律は管理者がこれを形成するものである』という格言が続くならば、何の留保もなしにこれを評価するであろう。（略）規律に欠陥があることが明らかなとき、あるいは管理者と従業員との間の関係がうまくいっていないとき、その責任を集団の状態の悪さのせいにするような投げやりの態度にとどまってはならない。たいていいつでもそのような欠陥は管理者の無能さに起因するからである。」

「規律とは協約の尊重である。そしてその協約は、服従、勤勉、活力、尊敬の念の外的表現を目的とするものである。この規律は、最高の経営者にも最低

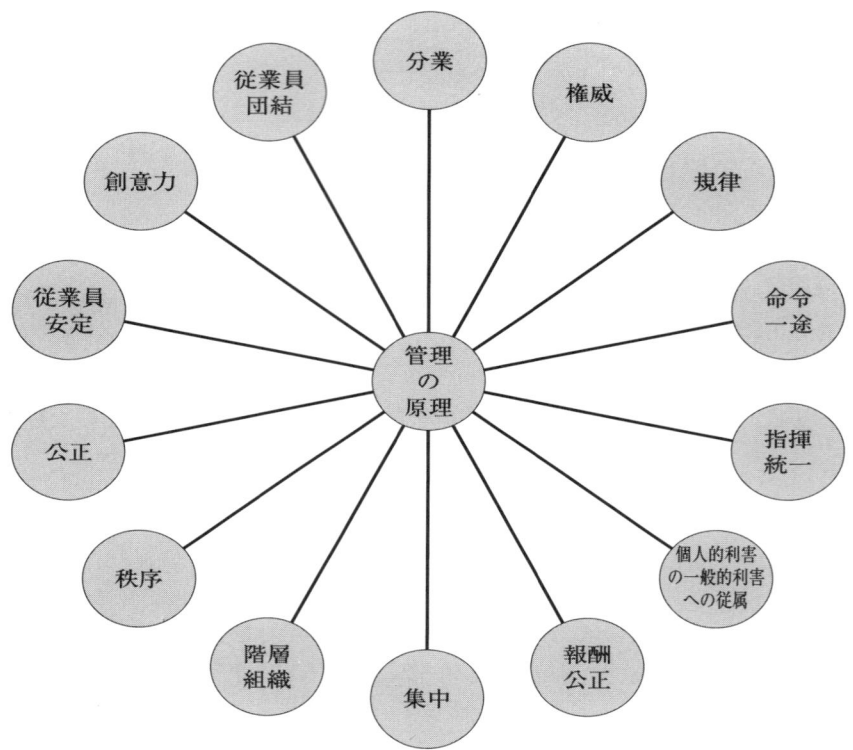

(H. ファイヨール著、山本安次郎訳『産業ならびに一般の管理』ダイヤモンド社を参考に作成)

の従業員にも、同様に要求されるものである。この規律を作成し、これを維持する最も有効な方法は次のごとくである。

　第一　すべての組織段階に優れた管理者を置くこと。
　第二　できるだけ明瞭で、できるだけ公正な協約をつくること。
　第三　適正な判断で賞罰の制裁を行うこと」

「権威・責任の原理」とは

　「権威とは、命令を下す権限とこれに服従させる権力である。管理者にあっては、職能に関わる規定上の権威と、知能、学識、経験、道徳的価値、命令の

才能、業績などから形成される個人的権威とが区別される。有能な管理者たらしめるには、この個人的権威が規定上の権威の不可欠な補足となる。」

「管理」とは

「管理するとは、計画し、組織し、命令し、調整し、統制することである。
　計画するとは、将来を探求し、活動計画を作成することである。
　組織するとは、事業経営のための、物的及び社会的という二重の有機体を構成することである。
　調整するとは、あらゆる活動、あらゆる努力を結合し、団結させ、調和を保たせることである。
　統制するとは、樹立された規則や与えられた命令に一致してすべての行為が営まれるよう監視することである。」

　ファイヨールは経営者であったが、実務を通じてこのような原理を確立した。今では古典的経営学に属するが、現在の組織管理を考える上で、大いに参考になる。

　本を読めばそれで終わり、というのでは意味がない。自分なりに、物事を体系的に図式化して整理するとよい。ノートあるいはカード化することをお勧めする。そして暗記に努める。この方法は、小論文試験に間違いなく役に立つ。

　小論文は、論理的に書く必要がある。物事を体系的に秩序立てて理解することは、論理的思考を高める上で重要である。マネジメントやリーダーシップに関する本を読み、基本的な考え方や原理原則を学び、現実の仕事に結び付け、対比してみる。そうすることによって問題意識や創造性を高め、問題解決の糸口を見いだすことができるようになる。

第3章　小論文の書き方

```
********************************
1 「導入」、「本論」、「まとめ」の構成で書こう
2 見出しを付け、筋道を立てて述べよ
3 自分より上位の階級の立場で考えて述べよ
4 簡潔で論理的な文章を書け、新聞記事を手本に
5 大きなテーマには、条件設定をして書け
6 答案は、楷書体で、読みやすい字を書け
********************************
```

第3章　小論文の書き方

1　「導入」、「本論」、「まとめ」の構成で書こう

　「起承転結」という言葉がある。消防小論文では「起承転結」には全くこだわる必要がない。私は、むしろ、起承転結は、小論文には適さないと思っている。

　澤田昭夫氏は『論文の書き方』（講談社学術文庫）の中で「起承転結は、詩文の法則としては立派に役を果たす原則でしょうが、これを論文に応用してもらっては困ります」と明言している。全く同感である。消防小論文では、「導入」、「本論」、「まとめ」の三つのパートで書くことをお勧めしたい。

　まず、「導入」とは文章の書き出しのことで、「イントロ」・「前文」・「プロローグ」とも言う。研究論文などでは「はじめに」の見出しを付けて書かれている部分である。

　作家にとって、小説の書き出しは非常に大事なものとされている。「悲しみよ　こんにちは」の作者、フランソワーズ・サガンは、ある小説の最初の50ページを、11回も書き直したと言われている。小論文は小説ではないので、難しく考える必要はない。

　自分がこれから書こうとしていること、その趣旨・背景など、個性を出して自然体で書き始めればよい。分量は数行程度、「はじめに」の見出しも必要ないであろう。

　この導入を長々と書く人がいるが、その分、本論がそれだけ少なくなるので、「一体、何が言いたいのだ！」と採点者の不評を買うことになりかねない。また、書き出しで時間を浪費するのは愚策である。

　次の「本論」では、自分が述べようとすることを幾つかの柱にまとめ、簡潔な見出しを付けて、系統立てて述べよう。（見出しは「1…」「2…」「3…」というように付けるとよい。）

　最後に、「まとめ」は、本論を受けて締めくくるので、導入同様、数行程度で締めくくればよい。

以下、留意点をまとめておく。
　① 導入の文章は簡潔であること。
　② 本論では、言いたい内容を柱立てし、明確にすること。
　③ 首尾一貫した論理的文章、構成であること。
　④ 内容が正確で、簡潔明瞭であること。
　⑤ しめくくりも、導入同様、簡潔に。本文と関連づけて自分の考えを強調すること。

2　見出しを付け、筋道を立てて述べよ

　昇任試験・小論文を採点した経験から言えることだが、受験者の答案の書き方には大きく三つのスタイルがあるようだ。
　第一は「詰め込み型」答案である。答案用紙いっぱいに漢字、平仮名がギッシリと書かれた見出しのない答案。内容のしっかりした小論文の中にもこうした、一面が真っ黒になるほど文字で埋め尽くされた答案を見かけることがある。採点者も見ただけで、ウヘェッ！と重圧を感じてしまう。
　第二は「ブロック型」答案である。これは、内容を幾つかのブロックに分けて記述した答案で、3～5のブロックに分けて記述しているので、詰め込み型答案よりは、採点者にとって読みやすい。しかし、ブロック型も、単に文章を羅列するだけで、各々のブロックがどうつながっているか、採点者に理解されない場合が生じやすいので、あまり勧められない。
　第三は、「体系的整理型」答案である。これは、内容を体系的に分類整理して記述した答案である。言いたい内容を幾つかの柱に分け、見出しを付けている（必要に応じて、更に小項目に分けている場合もある。）。このタイプの答案は、採点者にとっても読みやすく、答案作成者の言わんとすることが明確に伝わりやすい。私は、このタイプが小論文答案の書き方として一番よい方法だと考えている。

小論文答案は、相手（採点者）に読んでもらうために書くのだから、見出しを付けて読みやすいようにすることだ。内容が立派でも、見出しのない、メリハリのない文章は、採点者に強い印象（インパクト）を与えない。
　知識は断片的に覚えるのではなく、体系的に身に付けることが大事である。小論文でも体系的に（筋道をつけて）書いてほしいものである。

3　自分より上位の階級の立場で考えて述べよ

　小論文は直近上位の階級を目指す試験だから、平素から「そのポストに就いたなら、どのような心構えで仕事をするか」、「目指すポストの重要性」などに着目して、自らの考えを簡潔明瞭にまとめる訓練をすることが大切である。
　日常の仕事の在り方も同じである。上司から指示を待つ、指示待ち人間にならないことである。常に受身の姿勢でいる人は、答案を書いても前向きな考えが出てこない。何事も積極的に考えて自ら行動することだ。考え方が消極的だと良い答案を書くこともできないだろう。
　小論文で書く内容と日常の仕事は全く別個のものと考えてはいないだろうか。もしそうなら、それは大きな間違いである。むしろ、日常の仕事、職場で問題になっていることが、小論文のテーマとして出題されやすい。だから、普段、職場で評価されるような仕事をする人は、小論文試験においてもよい点数が取れるのである。
　日常の人間関係や仕事の在り方など、あなた自身がその気になって周囲を見渡せば、出題される問題や答えは職場の至る所に転がっている。
　面倒な仕事を回避したり、先送りしたりするようでは、よい答案は書けない。これは自明の理である。職場では、様々な問題が生じている。それをただ漫然と見過ごすのではなく、どう解決したらよいか、自分なりの考え方をしっかり持つようにすることが大事である。その際、上位の階級の視点で物事を考えるようにするとよい。よりマクロな観点から物事を見渡すことになるので、新しい発想や発見が得られるだろう。

4　簡潔で論理的な文章を書け、新聞記事を手本に

「文章は、論理的に書くことだ」と言うと、「えっ！　論理的に…」と困った顔をする人がいるが、決して難しく考える必要はないのだ。論理とは「議論の道筋」を意味し、「あなたの論理は一貫している」と言われれば、議論の中身が物事の道理や道筋に沿っていることを意味する。つまり「論理的に書く」とは、文章の展開が単純明解で、道理にかなっているということである。

論理的に、または分かりやすい文章を書くための第一歩は、「一文（文章）をできるだけ短く（簡潔に）すること」である。長文だと論理の展開や説明が、読む相手に伝わりにくい。実際、長い文章では、論理展開が飛躍したり、文にねじれや矛盾が生じやすい。

では、「簡潔で、論理的な文章」とは、どういう文章をいうのであろうか。

私は、お手本は新聞記事にあると考えている。新聞の文章をお手本に勉強するのが最もよい方法だと思う。新聞の文章は、美辞麗句の類、文学的な表現は用いられていない。中学生以上であれば、だれが読んでも理解できる文章になっている。

特徴を挙げると、次のとおりである。

- 文章が短く、簡潔明瞭である。
- 文章の長さは、長くならないように短く、歯切れがよい。
- 美辞麗句は、ほとんど使っていない。
- 論理的に書かれている。
- 難しい漢字は使わない。分かりやすく表現している。

次の文章は、日経新聞の社説である。参考までに読んでみよう。

震災に学び予知の呪縛を解け

　明日十七日で阪神大震災から8年が過ぎる。着実に復興を進めてきた被災地住民の勇気と努力は尊敬に値する。一方、六千人を超す尊い犠牲の上に、阪神大震災が全国に啓示した教訓と課題は、時間の経過とともに風化

しかねない状況にある。

　神戸という日本有数の大都市、人口密集地域の真下で、野島断層が大きく動き、都市を破壊した。野島断層は千年あたり１メートル動く活発な断層として注目されていたが、この地域で直下型の大地震を起こす可能性があると研究が進んでいたのは、別の山崎断層系だった。マグニチュード七・一と推定される868年の播磨地震の震源断層である。

　地殻を構成する巨大な岩板（プレート）が、いくつもぶつかり合いせめぎ合う上に位置する日本列島は、活断層の島である。過去に大きな地震を起こし、今後もまた動く可能性のある活断層は、千以上ある。

　地震学の地味な積み上げで、要注意の断層が絞られ、研究と観測が続けられているが、実際の直下型地震の約半分は要注意とされる活断層以外の活断層が震源となっている。

　活断層の真上やすぐそばにたくさんの人が暮らす日本では、地震は逃れることのできない所与の条件である。いつどこでどの程度の地震が発生するかを知る確実な予知ができない以上、被害を最小限に食い止める耐震と防災の備えを急ぐしかない。これが、阪神大震災がわれわれに突きつけた最も重い教訓である。

　阪神大震災では犠牲者の多くが、倒壊した家や建造物の下敷きになって亡くなった。建造物の耐震強度が十分にあれば、犠牲者の数は大幅に減ったはずだ。高速道路や鉄道などの構造物の耐震補強にも、阪神大震災はいくつもの教訓を残した。

　東京都、横浜市、松本市など、自治体は阪神の教訓に基づき、地震発生時の被害予想図（ハザードマップ）をつくり、建物の耐震補強や、発生直後に素早く対応するリアルタイム防災の態勢を整えている。

　東海、東南海、南海の大規模地震も切迫しているのに、国の耐震・防災政策は遅れている。可能性の低い直前予知に頼った大規模地震対策特別措置法、いわゆる大震法の呪縛（じゅばく）が解けていない。

　　　　　　　　　　　（日本経済新聞、平成15年１月６日朝刊）

この文章を読んで、読者はどのように感じただろうか。

新聞記事は、社説、政治、経済、社会、家庭、文芸欄によって、多少の違いはあるが、全体に言えることは、短く平易な表現、読みやすい文章になっている。何行にもわたる長文だと、何度も読み返さないと判読しにくい。これでは、答案として良い文章とは言えない。また抽象的な表現は、文章を読みながら、採点者の脳裏にピシッ、ピシッと伝わりにくい。文章とは「幾つかの文を連ねて、まとまった思想を表現したもの…」（岩波国語辞典）である。牛のよだれのような長々とした文章、抽象的な表現は避けるようにしたいものである。

5　大きなテーマには、条件設定をして書け

消防小論文でも、スケールの大きなテーマが出されることがある。「これからの消防行政の在り方について述べよ」といった、雲をつかむようなテーマが出されることがある。一体どこから手をつけたらよいか戸惑うだろう。しかし、「あなたの自己啓発について述べよ」というのであれば、範囲も限定され、書きやすくなる。

大きなテーマでは、自分が最も重要だと思われる事柄について概括的に述べ、その中から重要な項目について意見を述べることをあらかじめ断って書くとよい。これも一つのテクニックである。

「これからの消防行政の在り方について」では、例えば次のような論点が考えられる。

- 行政の構造改革と消防行政の在り方
- 行財政改革と消防行政の課題
- 災害の危機管理体制
- 部下指導・人間関係の在り方
- テロや原子力災害等と消防装備、訓練
- 都市構造の変化と予防行政課題
- 危険物規制と課題

- 救急業務の課題
- 大地震災害と災害活動
- 防災教育訓練の在り方
- 市民や企業に対する行政サービスの在り方
- 消防教育訓練の課題
- 高齢化社会の安全

　思いつくままに挙げただけでもこれだけある。全体像を概括した上で、自分が重要と考える項目に絞り込み、解答を書くようにするとよいだろう。すべての項目について、一つひとつ説明することは不可能である。

6　答案は、楷書体で、読みやすい字を書け

　採点者は、たくさんの答案を読む。小さな字、癖のある字、乱雑で読みにくい字、消しゴムで何度も消した上に書かれた字などにぶつかると、うんざりする。もちろん、そういう乱雑で汚い字や風采の上がらない字の答案でも、内容は意外にしっかりしている場合がある。このことは採点者も重々承知しているのだが…。また、年に一度の昇任試験の受験者は、１年かけて一生懸命勉強してきたのだから、採点者はその努力に敬意を表し、あくまでも内容第一で評価すべきだが、やはり採点者も人間である。読むに煩わしい答案は敬遠したくなるのが人情でもある。

　だから、次の三点には十分注意していただきたい。

(1)　汚い字・読みにくい字・癖字は駄目

　　ここでいう「汚い字・読みにくい字」とは、世間でいう「達筆」とか「美しい字」といった文字の上手・下手のことではない。「て」なのか「ひ」なのか分からないような乱雑な字や癖のある字、あるいは達筆であっても第三者が読んで判読できないような読みにくい崩し字のことである。

　　字は上手でなくてもよい。大きさがそろった、だれにでも分かる、読み

やすい字が書かれていればよい。漢字も楷書体で丁寧に書いていただきたい。

(2) 誤字・当て字・脱字は駄目

　　誤字・当て字・脱字も採点者泣かせである。誤字・当て字は、本人の教養の程度が知れるし、脱字は注意力の欠如、軽率さを露呈するから減点の対象となりやすい。自信のない難しい漢字は平仮名で書けばよい。

(3) その他

　　細かいところではあるが、次のような点に注意する。
① 文章は短く簡潔に。
② 「て」、「に」、「を」、「は」を明確に。
③ 句読点に注意。文の終わりには句点（。）、文中の切れ目には読点（、）を打つ。
④ 適宜、改行をする。改行の最初の文字は、1字下げて書く。
⑤ 段落の重要性（幾つかの段落に分けて書く。）

第4章　文章力を高めるノウハウ

****
1　仮想問題を作って、答案練習をせよ
2　制限時間を決めて書く練習を
3　推敲こそが、最良の文章訓練法
4　発想を磨け
5　図を作り、知識の体系化を図れ
****

第4章　文章力を高めるノウハウ

1 仮想問題を作って、答案練習をせよ

　昇任試験は、直近上位の階級のポストを目指す試験である。このため、日常の仕事を通じて小論文の仮想演習を行うことが重要だ。
　仮想演習とは、自分が上位のポストに就いた場合を想定して、小論文を書くことである。例えば、
　　○　上位の階級には、組織上、どのような責任と権限のあるポストか
　　○　上位の地位に就いたなら自分は何をなすべきか
　　○　上位の地位は、どのような人間性、自助努力が求められるか
　　○　自分が上位の地位についたなら、どう判断し意思決定をするか
　　○　仕事をどのようにして管理し、推進するか
　　○　部下、同僚、上司との人間関係はどうあるべきか
　　○　職場の士気をどう高めたらよいか
　　○　公務効率の具体的な意味、手法は
　　○　組織力を高めるにはどうすればよいか
等について考えてみよう。
　日常の仕事を通じて、上司の行動力やリーダーシップの在り方を観察し、自分なりに小論文の答案を作成してみることだ。過去に出題された問題だけにとらわれず、身近なところから出題テーマを想定して、小論文を作成する訓練をすることが大事である。このことは、副士長、士長、司令補、司令、司令長の小論文試験に共通して言えることである。
　上位のポストで仕事をする人の行動力、判断力、リーダーシップの発揮の仕方、指導力、人間関係の在り方等についてきめ細かく観察することは、単に試験対策のみならず、自分が管理者になった際に大いに役立つのである。とても尊敬できないと思われるような上司でも、良い点・悪い点・あるべき姿など具体的に把握し、反面教師と考えて、原理原則に当てはめ、自分自身の判断基準とすることが大事である。「嫌な上司」と敬遠するのではなく、自分の管理者像を形成するための参考、道標にするのである。

職場では、上司、同僚、部下などの人間関係において、良い事、悪い事、いろいろな出来事が起こる。仕事や人間関係について問題点を整理し、あるべき姿を記述することも、自分なりの考え方を持つ上で効果がある。また、信頼できる、指導力のある上司や同僚を見たならば、大いに望ましい管理者像として参考にすべきだ。常に自問自答の精神を忘れずに日々努力することが大事である。

2　制限時間を決めて書く練習を

　小論文は、限られた時間でまとめなければならない。途中で失敗しても書き直しがきかない。小論文試験は一発勝負だといえる。限られた時間内に、速く丁寧にしかも採点者に読みやすい字で答案を書くためには、平素から文章を書き、慣れ親しむことが必要だ。消防の管理・監督者になれば、いやが上にも文章を書かなければならない立場に立たされるからだ。

　テーマを決めて、何度も書く練習をしていただきたい。また、本番の小論文試験と同じ時間を想定して書くようにすると更によい。本番と同じ時間内に小論文を仕上げる練習という意味のほかに、時間配分の仕方を学ぶという意味がある。例えば、「消防司令の責務について述べよ」といった問題が出題されたとする。小論文の試験時間が60分とすると、答案の構成を考えるのに必要な時間が最低5分は必要である。また、答案を読み返し、推敲（誤字訂正、文章の手直し）するのに5分程度はみておきたい。そうすると、純粋に小論文（導入・本文・まとめ）に取り組める時間は50分程度である。

　消防司令というポストは、組織の中でどのような責務と権限が与えられているか。上司との関係、同僚との関係、部下との関係、仕事の計画的な推進、目標管理に基づく業務の推進、部下指導、士気高揚、人間関係、安全管理、自己啓発等が重要な項目となるが、これらをどのようにまとめあげるか。このように普段から、本番の試験時間を想定して、小論文を書く練習をしておくことが必要だ。

第4章 文章力を高めるノウハウ

3 推敲こそが、最良の文章訓練法

　文章は書いては読み、読んでは書き換え、補足・修正することによって初めてよい文章、分かりやすい文章になる。この作業を推敲という。推敲とは、文章に磨きをかけることを意味する。
　実際の小論文試験では、十分な推敲の時間はないはずである。せいぜい誤字・脱字、不適切な表現をチェックする程度であろう。だからこそ、答案練習の段階で、徹底した推敲を経験しておいてほしいのである。
　推敲のチェックポイントは、次の点である。
- ○　誤字、脱字がないか。
- ○　文にダブリがないか。
- ○　ダラダラとした締まりのない文章になっていないか。
- ○　言わんとする要点が明確に表現されているか。
- ○　見出しの表し方は適切か。
- ○　「導入」、「本論」、「まとめ」がバランスよく書かれているか。

　これらの項目について丹念にチェックし、何回も読み返し、修正することが文章上達への近道といえる。
　答案練習での徹底した推敲が、最良の文章訓練方法なのである。

4 発想を磨け

　いつの時代でも、何をなすにも、豊かな発想法は大事である。発想とは「思いつくこと」、「思いつき」、「心に起こった考えが展開して形をとること」をいう。例えば、小論文試験で「業務の改善、効率化」というテーマが出題された場合、ただ漫然と考え、一般論としての対策を書いただけでは不十分であろう。能率的で効果的な手法を導入するには、よい発想法を持たなければならない。

古い話になるが、日本海海戦でロシアのバルチック艦隊を打ち破った東郷元帥の名参謀・秋山真之氏は、戦略・戦術に秀でた天才であった。なぜ天才と言われたかというと、発想法がすばらしかったのである。氏は、要点を発見するために、過去のあらゆる戦法の型を見たり、聞いたり、調べたりしたという。また、兵学校時代は期末試験で、①　すべて出題者（教官）の出題癖を加味する、②　重要か重要でないかを判断し、不必要な事項は大胆に切り捨てる、③　的を絞り込み、精力と時間を重点的に注いだそうである。小論文試験対策に日本海海戦を持ち出すのは、いささか大げさだが、人はそれぞれ発想を異にし、発想の持ち方いかんで結果が大きく異なってくることを言いたいのである。

　発想を磨くためには、新聞・雑誌等で時代の変化に敏感に反応するようにしよう。リストラ、倒産など民間企業の厳しい現状を反映するかのように「公務員は親方日の丸意識が強い、コスト意識がない、サービス精神に欠ける、身分が安定していて行政責任を負うことがない」といった公務員批判が出やすい。身近なところに小論文の材料がたくさん転がっているのだ。
　民間企業と行政は比較されやすい。民間企業で起こったリストラ、汚職、公害問題、セクシャルハラスメント、倒産等は、行政でもテーマとなることがある。民間企業のことだから行政とは関係がないと考えるべきではない。（実はこう考えるのも発想法の一つであるが…。）だから、行政マンは「今、民間企業では、これらの課題について、どのような考え方で取り組み、いかなる対策・対応が採られているか」に注目し、情報収集しておくことが大事なのである。
　民間企業の取組みを参考に行政の在り方を考える、これも一つの方法である。「あの人、発想がいいね。着眼点が実に良い。」と言われる人は、物事をきめ細かく観察したり、関連付けたり、比較したりするなど、絶えず模索しながら自分流の方策を見いだしている。発想は、確かに感性に近いものだが、発想をよくするため努力の積み重ねも大事なのである。

5　図を作り、知識の体系化を図れ

　久松啓一氏は『図で考える人は仕事ができる』という本の中で、日向茂男さんの著書『発表する技術』を引用しながら「ものごとは、難しいものでも図式化することによって、体系的に整理し記憶に留めることができるので、効果が大きい」と述べている。日向茂男さんの著書の一部を引用してみよう。

　　アメリカ空軍は、命令は伝達の形式によってどのように記憶されるかという問題意識から、言葉のみ、図表のみ、言葉と図表の場合の三つに分けて実験を行いました。その結果、命令を発した時点で、言葉のみの場合は40％、図表のみの場合は70％、そして両方を用いた場合は90％という数字になりました。…（中略）…
　　またこの時の記憶は、120時間後、つまり五日後にはどの形式でも下がってくるのですが、言葉のみでは約10％、図表のみでは約20％、言葉と図表の両方を使った場合には60％以上が残っているという結果になっています。
　　　　　　　　　　　　　　　（日向茂男著『発表する技術』ゴマ書房）

　筆者は、講義や本を書くときは、図表を作ることを習慣づけてきた。
　資料整理や暗記にも利用している。パソコンを利用してOHPの図表を作り、データーベースに入れているが、大変便利で効果的だと思う。図表に必要事項を記入し、基本図形を頭にたたき込んでおけば、試験の際にも、頭の中の整理箱（ファイルボックス）から必要な知識を引き出すことができる。
　例えば、「消防司令としての立場について述べよ」というテーマでは、上司、同僚（他の課・係）、部下の上下左右の図表（次図参照）を作り、これを何回も見ながら記憶する。
　小論文試験では、この図表を思いだしメモをとる。メモを見ながら文章の肉付けをする。そうすると意外にうまくいくものである。

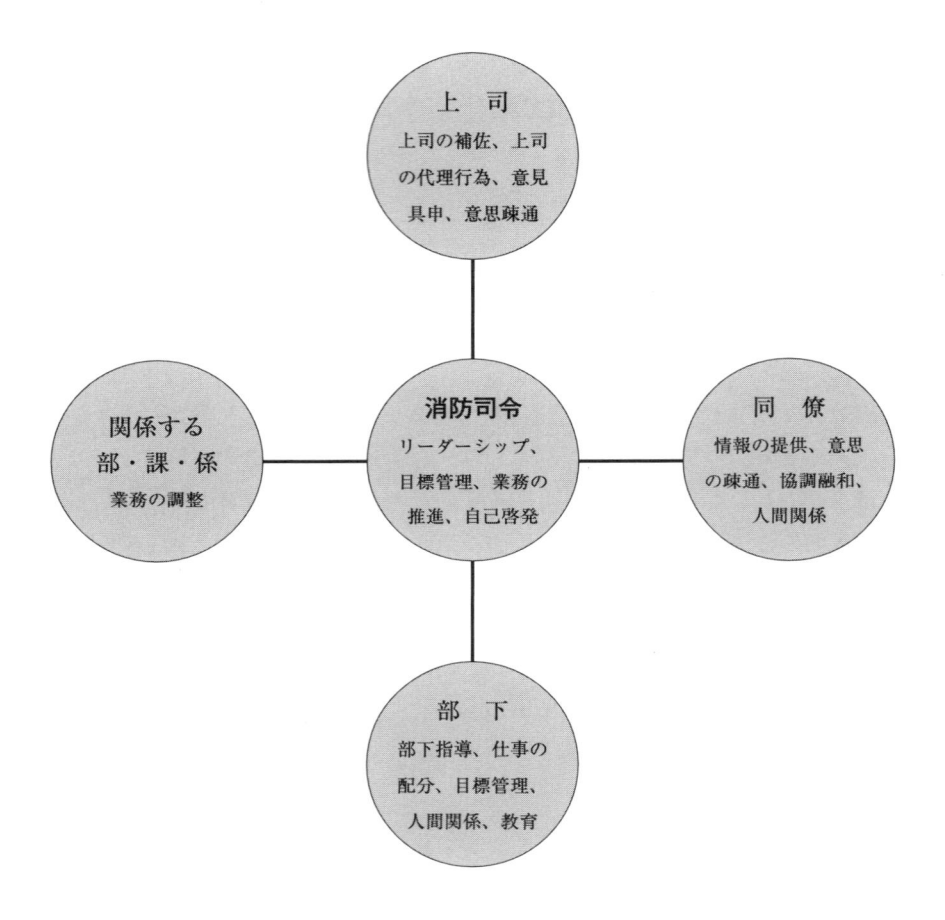

```
              ┌─────────┐
              │  上 司   │
              │上司の補佐、上司│
              │の代理行為、意見│
              │具申、意思疎通 │
              └─────────┘
                   │
┌─────────┐  ┌─────────┐  ┌─────────┐
│ 関係する  │  │  消防司令  │  │  同 僚   │
│ 部・課・係 │──│リーダーシップ、│──│情報の提供、意思│
│ 業務の調整 │  │目標管理、業務の│  │の疎通、協調融和、│
│          │  │推進、自己啓発 │  │ 人間関係   │
└─────────┘  └─────────┘  └─────────┘
                   │
              ┌─────────┐
              │  部 下   │
              │部下指導、仕事の│
              │配分、目標管理、│
              │人間関係、教育 │
              └─────────┘
```

　このような図表を目的別に分類・整理しておけば、階級に関係なく、副士長、士長、司令補、司令、司令長の昇任試験でも使うことができる。職務上の権限や責任は異なるにしても、上司に対する補佐・部下指導・事務処理の関係、他の担当者との調整や計画、目標管理など基本的な原則はすべて共通している。

　日頃から図表化して重要な点を簡潔に記入し、ノート、メモ帳、カード等を用いて理解に努めれば、能力の向上に結び付けることができる。

　組織、管理、監督、部下指導、リーダーシップ等は、小論文のテーマとして出されやすい問題だけに、創造性を発揮して図表化し、記憶する等、自分流の対策を立てることが必要だ。

第5章　試験場での注意事項、タブー

```
****************************
1　「始め！」の合図で、すぐ書くな
2　出題意図をよく考えて、柱立てをせよ
3　柱立ては、答案用紙の余白にメモする
4　答案は汚さず、きれいに仕上げよ
5　鉛筆は、HBまたはBがよい
6　答案は、必ず読み返そう
****************************
```

第 5 章　試験場での注意事項、タブー

1　「始め！」の合図で、すぐ書くな

　答案用紙をもらって、「始め！」の合図で、いきなり書き始める人がいる。出題されたテーマにどう答えたらよいか思案していると、周囲でサラサラ、サラサラと用紙にペンを走らせる音が聞こえてくる。一瞬、焦りを感じるだろうが、そこはグッと下腹に力を入れ、大きく息を吸って気分を落ち着かせるのだ。
　決して慌てることはない、マイペースで。試験開始時の1、2分は、どんどん時間が経過していくように思えるが、まずは全体の構成をしっかりと考えることが大事である。論文の構成案に4〜5分を費やすことは、決して無駄なことではない。家の土台と同じで、基礎固めがしっかりしていれば、後の作業はスムーズに進むからである。

　時間の配分は、おおむね次のようにするとよいだろう。
　答案用紙は、平均的にみてB4判用紙1枚が目標で、多くて2枚である。解答するまでの時間を60分とすれば、最低5分程度は、答案の構成や必ず含めなければならない項目（キーワード）について考えるようにする。また、書き終えた答案を読み返し、誤字・脱字、句読点のチェックなど、文章の訂正・補足に要する時間も最低5分程度はとっておきたい。そうすると、答案を書く時間は正味約50分程度である。本論の柱は3〜4項目ぐらいが目安となろう。

2　出題意図をよく考えて、柱立てをせよ

　「出題者が、意図するところは何か、何を求めているのか」について、よく考えることが重要だ。それを理解した上で全神経を集中させ、小論文の構成（柱立て）を考えるのである。
　小論文は量さえ多ければ良いというものではない。ピンボケの文章を山ほど書いてみても得点には結び付かない。やはり、しっかりした構成が大事である。

ではどうするか。

　例えば、「部下から見た望ましい上司（司令補）について記せ」といったテーマが出たならば、重要と思われる事柄について、思い浮かぶがままにメモをとろう。そして、メモした項目の脈絡を考え、順序を決めよう。それが小論文の構成案である。

　望ましい上司（司令補）とは、組織の中でどういうタイプの上司をいうのか、あるべき姿を考える。監督者として部下を掌握し、一定の業務を推進する責任ある立場について説明する。ここで注意すべきことは、職責、役割について問われているのではないので、「部下からみた望ましい上司像」にポイントを絞り記述するようにする。

　重要な柱は、①強いリーダーシップの発揮、②指導力、③目標管理、④部下への権限委譲、⑤思いやりのある心が通じ合う人間関係、⑥自己啓発の重要性等である。

3　柱立ては、答案用紙の余白にメモする

　私の経験から言えば、試験場で問題文を読んだなら、柱となりそうな重要項目を思いつくままにメモをとる。メモは答案用紙の右上の余白に消せるように鉛筆で書く。

　問題文を読んだなら、すぐに、書き出しからまとめまで、スラスラと内容が出てきて、たちどころに書いてしまう人はまれだと思う。頭にひらめくものは断片的で不連続である。すべて忘れないで記憶しておくことも難しい。したがって、思い浮かぶ項目を手早くメモすることが必要だ。

　「ひらめきを答案用紙の隅にメモすること」をお勧めしたい。

　小項目まで書くと、時間もかかるし、詳しくなりすぎてまとめにくいので、メモは大項目か、せいぜい中項目程度とする。大項目の数は２つか３つ（それ以上でも構わないが）、メモを見ながら答案の構成（順番など）を考え、中項目を思いつくまま補足しよう。この作業は５分程度を目標に、全神経を集中さ

せるのである。短時間で手際よくやることが大事だ。

4 答案は汚さず、きれいに仕上げよ

　自分が書くべき内容が固まらないままに書き始めたらしく、途中で何度も書き直して、見るも無惨な汚れた答案に出会ったことがある。決してプラスにはならない。「答案は汚さず、きれいに仕上げよ」と言いたい。
　以下、注意事項を示しておく。
　　○　消したり書いたり、し過ぎるな
　　　　限られた時間で、与えられた答案用紙に書くので、ある程度、消したり書いたりはやむを得ないが、答案用紙が薄黒く汚れては採点者の心証を悪くする。
　　○　消しゴムで文字を消すときは、ゆっくり丁寧に。
　　　　書き直す前の文字が残らないようにしたい。
　　○　濃すぎる鉛筆は使わない。
　　　　硬すぎる鉛筆（H）もだめ。
　　○　答案紙を汚しやすい消しゴムは使わない。
　　　　消しゴムが黒く汚れた場合は、必ずきれいにしてから使用する。

5　鉛筆は、HBまたはBがよい

　自分の筆圧に合った硬さの鉛筆を選べばよい。筆圧の強い人はHB、筆圧の弱い人はBが目安となるだろう。硬い芯（H）は、字も細く・薄くなるので、使わない方がよい。また、必ず携帯用鉛筆削りを用意してこまめに削り、一定の太さで書くようにしたい。
　シャープペンシルの場合は、「芯の太さ0.5ミリ・B」程度のものを使用するとよいだろう。

6　答案は、必ず読み返そう

　答案は必ず読み返すようにする。「やめ！」の合図で慌てて答案を出すようでは、結果も思わしくない。読み返すことによって、言わんとしたことが明確に記述できたかどうか確認できるのである。
　誤字・脱字がないか、意味のはっきりしない文章がないか、見出しは適切か、など、採点者がチェックすると思われる点を確認する。特に、見出しは重要である。小論文のあらましが分かり、特徴を素早く印象づけることになるからである。時間があるなら是非とも見出しを工夫したいものである。
　また万一、制限時間ぎりぎりまで書くようになっても、最低限、題名、氏名、本論の見出しなどを確認しておきたい。

第6章　日常生活や仕事に意識改革を

****
1　コンチクショウの気概を持て
2　知は現場にあり
3　問題意識は、日々の仕事から
4　小論文に役に立つ知識を整理せよ
5　文章作成力とスピーチとの関係
6　参考書に金を惜しむな
7　勉強時間は、捻出するもの
8　情報収集、アンテナを高くせよ
****

第6章 日常生活や仕事に意識改革を

1　コンチクショウの気概を持て

　最初に、昇任試験では「コンチクショウという気概を持て」と言いたい。とにかく勉強をしないといけないのだから、「今日は疲れたから寝ることにしよう」、「友達から赤ちょうちんで一杯やろうと誘われたので行くことにしよう」、「本は時間があれば読むことにしよう」では駄目なのである。
　P・Gハマトンは、「知的生活」のなかで、次のように述べている。

　　どのような方面の仕事であれ、普段私達が言うコンチクショウという気概を持たねば、何人も成功はおぼつきません。なんにせよ、これがあらゆる仕事の要件であり、また、あらゆる成功の要件であるのです。そして何にもまして、この倦怠感をじっと我慢することほど、必ず報われるものはないのです。

　　　　（ハマトン著、渡部昇一・下谷和幸訳『知的生活』p.68、講談社学術文庫）

　「コンチクショウという気概を持たねば、何人も成功はおぼつかない」、同感である。私も、誘惑や困難に屈しないで、「コノヤロウ！」、「コンチクショウ！」の精神がなければ、目的を達成することはできないと思う。
　面倒なこと、つらいことを先送りしてはいけない。面倒でつらいことこそ最優先にすべきである。「面倒でつらいことを優先」する習慣をつけると、手を抜くことによって、むなしさを感じるようになるから不思議である。何とはなしに努力するのではなく、常にコンチクショウの精神で日々努力してほしい。

2　知は現場にあり

　現場で勤務する受験者の中には、昇任試験は、本庁（本部、本局等）などに勤務する職員の方が小論文テーマについて考える機会が多いので、有利だと考

える人がいるようだが、この考えは正しくない。

消防昇任試験で求められる知識や小論文のテーマ・答案は、むしろ現場活動の中に山積している。生きた仕事、そこで働く職員の人間関係にこそ小論文の問題となる素材が潜んでいる。きめ細かに観察をすれば、知は現場の中に存在するのだ。

災害出場記録、訓練記録、予防や総務の事務、点検記録、調査書、報告書、起案文、会議録の作成事務は、進んで行うようにすることだ。文書に親しみ、文章に慣れることは大事なことである。

組織の運営管理、施策、住民サービス、人事管理、部下指導、教育訓練等の仕事があれば何でも実践し、経験してみることだ。そうすれば、いろいろな仕事を通じて、現場の問題や矛盾が分かるようになる。疑問や問題点を知れば、それだけ問題意識も旺盛となり、小論文対策に役に立つのである。

現場にはいろいろ改善すべき問題が隠されている。「忙中閑あり」ではないが、忙しい仕事の合間にも一息入れて、じっくり考えてみることだ。

改善すべき問題があるとだれもが気付いていても、「面倒だ。そのうち、だれかが何とかするだろう。」と先送りにしてはいないだろうか。あるとしたら、どう改善しらたらよいか。日々、問題意識を持って考え、行動すれば、具体的な事例を挙げて述べることもできるし、説得力のある答案を書くことができるだろう。

消防小論文では、現場で問題になっているテーマが出題されることがある。したがって、日頃から現場の問題点を的確に把握し、その問題に対する対処の方法や自分の考えを具体的に持つことが大事である。

3　問題意識は、日々の仕事から

「仕事を進める上で何か問題はないか？」と問われて、「何もありません」ではいけない。どんな仕事でも問題のない仕事はないからである。

小論文の採点をしていると、問題意識のある答案、問題意識のない答案が一

第6章 日常生活や仕事に意識改革を

目りょう然に分かる。私は、問題意識の有無を採点基準の一つに取り入れたことがある。問題意識の有無は、論文の優劣を大きく左右する。なぜなら、物事を前向きに改善しようとするには、問題意識が前提条件として求められるからである。

では、問題意識はどうしたら身に付けることができるのであろうか。

問題意識は、漫然と生活していたのでは意識は芽生えてこない。日頃の仕事の中で、やじ馬根性を持って、絶えず物事に関心を持つことが大事だ。

例えば、情報処理や教育訓練等、民間企業や他の消防本部で行われている手法の違いを見付け出すとか、合理性や能率性について考えてみるとか、従来から慣習的に行われてきた事柄でも、科学的か、合理的かを検証してみることである。

また、職場の上司、同僚、部下との人間関係は、いつも良好な関係にあるとは限らない。上司から褒められて気分のいいときもあれば、仕事のことで叱られて不愉快な思いをすることもある。職場の中で起こる様々な人間関係のトラブル、事故、不祥事などを注意深く観察してみよう。できればその原因を探り、自分なりの改善策を考えてみる。

また、「部下にやる気を起こさせる上司とは、どのような上司をいうのか？」、「部下の士気を鼓舞する上司とは、どういうタイプの上司か？」など、注意深く周りの上司を観察してみよう。

もし君が、上司から仕事上のことで、同僚の前でこっぴどく叱られたとする。当然、頭にくるか落胆するだろう。「嫌な上司だ、こんな上司とは二度と口もききたくない、勤務も一緒にしたくない」と思うだろう。

しかし、そんなとき、ちょっと冷静になって、この上司は、本当に「尊敬や信頼感が持てないタイプの上司」かどうか再確認してもらいたい。態度、言葉遣い、周りへの配慮等…、もし自分の上司として「尊敬できないタイプの上司」だとしたら、反面教師として接すればよい。「おれが上司になったなら、絶対に部下の気持ちを傷つけるようなことはしない」と考えれば、「上司の在り方」を一つ勉強したことになるであろう。

話題を変えよう。

例えば、署長の訓示で「消防に対する市民の信頼性を高めるには、消防職員として、職員一人ひとりが職責を自覚して行動しなければならない」といった話があったとする。

「職員、一人ひとりが職責を自覚するとは、具体的に何を意味するのか？」、「消防士と消防士長では、どういう違いがあるのか？」、「消防士長になれば、どのような職責と役割が求められるか？」など、具体的に考え、文章にしてみるとよいだろう。

また、水利調査で出掛けたポンプ車が、交差点で交通事故を起こしたとする。幸い双方にけがはなかったが、「平素から署の幹部から交通事故防止について、あれほど強く注意を受けていながら、なぜ事故が起こったのだろうか？」、「安全対策に欠けていた点はないか？」、「今後、事故の再発を防止するには、どうすればよいか？」など、自分の考えをまとめておくようにする。

問題意識は、日頃の業務の中で起きている問題について、できれば文章にして、その場で自らの考えをまとめる習慣を身に付けることによって高められる。それが「よい小論文づくり」につながるのである。周囲を見渡せば小論文の素材が至る所に転がっているのが分かるであろう。

「継続は力なり」という言葉がある。日常の小さな努力の積み重ねによって、大きな力を発揮することができる。しかし、実践することは、決して難しいことではない。自分は生まれつきの性格として問題意識を持つようなタイプではないと決めつけてはいけない。自己変革をしようとする強い意志を持つことが大切である。

4　小論文に役に立つ知識を整理せよ

情報過多の時代は、質の高い情報を持ち、不要な情報は捨て去るようにする。大量の情報を収集してみても、役に立たない情報では意味がないからである。

私は、情報を整理するために、パソコン、スクラップブック、Ａ４判ホルダーを三位一体にして活用している。パソコンを導入すれば、スクラップブックやホルダーの保管が省けて、ペーパーレス（文書としての記録・保管をなくすこと）になるものと信じて購入したが、実際は一向にペーパーレス化しない。相変わらずパソコンとスクラップブックとＡ４判ホルダーの三点セットで情報を管理している。

　新聞や雑誌で報じられる地震、風水害、火災、救急、爆発、原子力施設等の事故や災害に関する社説、行政批判等については、30冊程度のスクラップブックに分類している。Ａ４判ホルダーには、100冊程度、目的別に分類整理している。

　改善すべき点はまだまだあるが、目下のところ、この方法が私にとって最も能率的な処理方法だと思っている。

　昇任試験、小論文対策を目的に情報を管理するのであれば、メモ帳、カード方式等、自分流に情報を整理し、体系化しておくのがよいだろう。

5　文章作成力とスピーチとの関係

　スピーチが得意だという人は少ないと思う。私もその一人である。

　消防の職場では、部下の指導、防災訓練、防火・防災教育、消防団等の指導で、人の前で話をする機会が多い。幹部になればスピーチが苦手だからといって逃げるわけにはいかない。このスピーチが、実は小論文対策と大いに関係がある。

　私は、スピーチをする際、必ずスピーチ・メモを作成する。３分間スピーチを目標に文章を書くのである。そして、声を出して何回も繰り返し読む。スピーチ・メモは「導入部分」、「中身」、「締めくくり」に区分けして書く。それを声を出して繰り返し読む。だぶりや抜けている事柄に気が付くことがある。何回も読み、文章を修正することによって、スピーチの内容はだんだんと簡潔明瞭になり、引き締まってくる。

この方法は、私にとっても意外な収穫であった。この方式を習慣づけることによって、スピーチも苦労せずうまくいくようになったし、文章を書くにしても、自分でいうのもおかしいが、かなりの効果があったと確信する。地震の話、家庭の防火の話、部下に対する教育訓練の話、町内会の集会での防災の話など、何でもよいから話す内容を文章にするとよい。
　簡潔・明瞭な言葉で言わんとするポイントが正確に伝わる話のできる人がいるが、こういう人は文章を書かせても簡潔明瞭な良い文章が書けるのではないかと思う。
　スピーチと小論文は、互いに相関関係があるのだ。

6　参考書に金を惜しむな

　昇任試験にとどまらず知識や教養を高めるには、読書をする習慣を養うことが必要である。必要な参考書には、出し惜しみせずにお金を遣うべきだ。一杯飲んだり、パチンコをしたり、ゴルフを楽しむ金は惜しまないが、本を買うのにけちるようでは駄目である。自分の能力の向上を図るには是非投資をしていただきたい。
　本は人から借りたり、図書館を利用する方法もあるが、他人の本は線を引いたりメモ書きすることができないので、必要な本は自費で購入して、思う存分活用すべきである。繰り返すが、自分の能力を開発するには、身銭を切って（本に投資をして）勉強することが必要である。
　本は、読むことによって多くのヒントを与えてくれる。一冊の良書を読めば一冊で終わらない。一冊の良い本を読むことによって、ほかの良書を教えてくれる。本を数多く読むことによって、物の見方、考え方に幅が出てくる。本を読み、実務と比較することによって、問題意識を高め、ヒントや解決策を与えてくれる。
　前にも述べたが、小論文試験では、管理（マネジメント）、監督、リーダーシップ、部下指導、公務能率、人間関係等、時代を反映したテーマが多く出題

される。基本書は、薄くて内容の充実した本を選び、何度も繰り返して読む。そしてマスターするようにする。参考書にはそれぞれ個性があり、表現方法や説明の仕方も異なる。一冊の参考書を読んでもよく理解できない場合には、ほかの参考書を読むことによって理解できることがある。著者によって得意な分野の説明は詳しいが、不得意な分野はさらりと終えてしまうことがあるからだ。

　私はこれまで、行政管理、公務能率、マネジメントやリーダーシップ等に関する多くの参考書を買い集めてきた。企業の社員向けに書かれた本は一見して行政と関係がないように思うかもしれないが、決してそうではない。今の時代は、公務員も民間方式の考え方に学ぶべきことが少なくないからだ。これらの参考書は昇任試験にパスするために買い求め、試験にパスすれば無用になる、と考えるべきではない。

　小論文試験では、組織の上に立つ人の識見、上司としての在り方、部下指導、自己啓発の在り方、リーダーシップの発揮の仕方等に関する問題が多く出題されている。この種の勉強は、職場だけではなく第二の職場や家庭においても役立つものである。マネジメントの勉強をすれば、効果的な仕事の仕方や指導力を養い、よき人間関係を築き、倫理観を養うなど、豊かな人生を送る上でも大いに役に立つことは間違いない。

　長寿社会にあっては、健康管理はもち論のこと、職場を離れても充実した人生を送るために読書の習慣を身に付けることは、知的生活を送る上で重要なことだと思う。

　昔から「飲み食いするほど高いものはない」というが、本は飲食費に比べれば実に安い。良書を読めば、いろいろな知識や手法を教えてくれるし、心を豊かにしてくれる。良い本だと思えば金をけちらず良書を選んで買い、少しでも多くの本を読むことを推奨したい。

7　勉強時間は、捻出するもの

「勉強する時間がない、足りない」と嘆く人は、長年習慣づいた日々の生活

をもう一度、再点検してみてはどうだろうか。何かにつけ自分の欲求を最優先に時間配分してはいないだろうか。1日24時間、これをどのように配分するかが重要だ。

　イギリスの作家、アーノルド・ベネットは『自分の時間…1日24時間をどう生きるか…』の中で、次のように述べている。

　「一時間、一時間半、あるいは二時間でもよい、早起きをしてみてほしい。そして…どうしても早く寝ないと早く起きられないというのであれば…早く寝られる時は早くベッドに入りなさい。仕事以外の何かをやるという点に関しては、朝の一時間は夜の二時間に匹敵するのだ」

　私はかつて、宵っ張りの朝寝坊で、午前様に近い時間に就寝していたが、ある時この本を読み、考えを改めた。
　それ以来、夜は22時までに就寝し、朝は努めて5時に起きる習慣をつけるようにした。難しい本を読む、文章を作成する、物事をじっくり考えるときは、頭のさえた朝（午前中）の時間帯を利用するのがよい方法である。
　「昇任試験のための勉強時間がない」、「忙しい」とぼやく人は、是非、自分の1日（または1週間）の時間の使い方を再点検し、時間配分を変えていただきたい。時間は捻出するものである。
　時間をつくる方法はいろいろある。作家の城山三郎さんは、「通勤時間に電車の中で、『スポーツ新聞を読んでいる人』と『勉強のための本を読んでいる人』では顔つきが違う。それが長い時間続いていれば、決定的な差がでる」と指摘している。1年間だけでも、電車内でスポーツ新聞を読むのをやめ、リーダーシップやマネジメントに関する本に切り替えてみたら結果はどうなるか。
　職場に早く出勤したり、職場の昼休みや休憩時間、夜の待機時間等を利用する。執務に支障のない時間帯を有効に使うことも時間を創出する方法の一つである。
　勉強する時間がないと考える人は、日々の生活の在り方を見直し、組み替える必要がある。1日24時間をどう配分するか、より有効な時間を創出するにはどうすればよいか、すべてあなた自身の判断と実行に任されていることを忘れ

ないでほしい。

8 情報収集、アンテナを高くせよ

　小論文対策として、過去の問題を分析するのは、もちろん大事なことではあるが、過去の問題だけにとらわれてはいけない。

　今年は消防界で、どんな変化があり、どんなことが課題となったか。それらを考慮しながら、どんな問題が出題されそうかと考えることも大事なことである。単なる予想ではない。本年度の重点施策は何か、最近、起きた災害の特徴は何か、今、一般企業ではどんなことが問題となっているか（公務員にも共通の課題か）など、現実に即した課題を考えてみよう。

　それには、テレビ、新聞、雑誌の情報はもちろんのこと、同僚、知人との会話などにも注意し、アンテナを高くして情報を集めたいものである。自分が試験官だったら、という視点で回りを見渡すとよいだろう。

　数年前は「リストラ」、「セクハラ」、「公務員倫理規定」などが大きな問題となっていた。だから、「消防行政におけるリストラ」が実際、小論文テーマとなったのである。リストラの意味を正しく理解していれば、「消防にもリストラが必要なのだ」と、ピーンと頭にひらめくはずである。ひらめいた人は直感力のある人だ。

　この直感力は、問題意識とも密接な関係がある。日頃から地道な情報収集活動なくしては成果はあり得ない。日頃からアンテナを高くして、情報収集を欠かさないでほしい。

第2部　小論文・実践編

第7章　組織・人事・職場規律

例題1 〈小論文〉

組織の行動力を高めるため、消防士長の立場で組織人として心掛けなければならない点について述べよ。　　　　　（士長）

■ 出題のねらい

消防士長という組織上のポストについて、どのように理解しているか、組織を活性化し、組織としての行動力を高めるには、具体的にどのような点に心掛けなければならないか、出題者は、これらの点について具体的な考えを求めている。

■ 用語についての基礎知識

「組織の行動力を高める」とは

「組織力」、「組織としての行動力」といった用語がしばしば使われる。組織力、組織としての行動力とは何か、と問われると一瞬、答えに窮してしまう。組織という抽象的な概念に、果たして行動力があるのかな？と疑問を感じるであろう。

しかし、難しく考えることはない。組織とは一つの目的を達成するために、同じ志を有する個々の人からなる集合体を意味する。組織は人の集合体である。組織集団として目的に向かって行動することによって、大きな成果を上げることができるのである。

「組織の行動力を高める」とは、組織を構成する一人ひとりが、集団として組織目的に向かって、意欲を持って、生き生きとした活力のある仕事を行うことにある。組織の一員として一人ひとりが、持てる能力を最大限に発揮することによって、組織としての行動力を高めることができるのである。

「組織人として心掛けなければならない点」とは

ここでいう組織人とは、組織に属する一人ひとりの消防職員を意味する。消防職員として、組織に身分を置くからには、法令や組織が定める規則、特別権力関係に服す義務がある。しかし、何事も他動的で消極的な態度で服務規律に従うようでは、組織としての活力は出てこないし、組織としての行動力を高めることもできない。

　心掛けなければならない点は、服務規律を守り、職場の士気をいかに高めるかにある。仕事の計画的な推進、責任性、人間関係、職場教育等監督者としての自覚を持ち、強いリーダーシップの下に、部下に意欲を持たせることが重要である。

■　小論文作成のポイント

　この論文では、「組織の行動力を高めるには、消防士長は何をなすべきか、組織人として心掛けるべきこととは何か」に焦点を絞り、文章を作成する。

　ポイントは、次の事項である。

① 　リーダーシップの発揮
② 　上司に対する積極的な補佐
③ 　組織の方針、目標管理、情報の収集と伝達、報告の徹底
④ 　人間関係の円滑化
⑤ 　規律の保持
⑥ 　市民に対する接遇
⑦ 　自己啓発

　職務を的確に処理し、良き人間関係を維持するには、知性を高め、道徳感を持ち、行動力を持つことが必要である。このため自己啓発を通じて自らの能力を高める必要がある。また、部下に対し、啓発力を持たなければならない。

　また自己啓発は、個々の意のままに任せるのではなく、職務の成果に結び付く自己啓発でなければならない

文例研究

テーマ

組織の行動力を高めるため、消防士長の立場で組織人として心掛けなければならない点について述べよ。（士長）

解答例

　消防士長は、リーダーシップの発揮、規律の保持、上司の補佐・部下指導、人間関係の円滑化、市民接遇、情報の共有化、自己啓発について理解し実践し、組織力を高める責務がある。

①リーダーシップの発揮
　消防士長は消防士、消防副士長に対し指導的立場にある。このため率先してリーダーシップを発揮しなければならない。上司の指示や組織の方針に従って、計画的に仕事を推進する責務がある。部下に対し、心の通じる指導が求められる。

②規律の保持
　「規律は、軍の主力をなす」と言うが、階級制度を有する消防の組織においても同じことが言える。組織としての行動力を高めるには、職場規律が極めて重要である。規律が乱れている職場に、組織の発展はあり得ないからである。
　規律とは、服従、勤勉、活力、態度を意味する。組織の下に働く職員すべてが、互いに守らなければならない規範をいう。法令や服務規程を守ることはもちろんのこと、社会生活を営む上で、道徳心を持つことが必要である。互いに品位と道義心に満ちた明るい職場づくりが必要である。
　規律の保持は、一人ひとりの自覚に負うところが大きい。消防士長

は自ら部下のお手本となるようなマナーや行動が求められる。

③上司の補佐、部下指導
　　上司を補佐し、部下を指導して、自らの仕事を推進することが、士長としての重要な責務である。上司の補佐とは、上司の指示に対し、忠実に従うことではない。上司の判断や指示に問題があれば、意見具申することも重要な補佐と言える。
　　事務処理や訓練等を行う際には、部下の技能、知識等の能力を把握して、きめ細かな指導を行う責務がある。

④公務能率の推進
　　仕事は常に目標管理に基づき、能率的で、計画的に推進することが求められる。上命下達や報告等に誤りのないように徹底し、今日できる仕事は明日に延ばすことなく迅速に業務を処理し、責任を果たすようにする。市民に対する行政サービスは、迅速で、親切で、明朗で、テキパキとした明るい職場のイメージづくりを目指す必要がある。

⑤人間関係の円滑化
　　活力のある組織とは、人間関係が円滑で意思の疎通が図られている職場を意味する。消防士長は、部下との関係において、積極的に良き人間関係を維持する責務がある。
　　前向き思考で明朗な人間関係に努める必要がある。また、最近は職場内のストレスや人間関係の複雑化から心の悩みを持つ職員が少なくない。このため気安く部下の相談に応じて悩みを聞き、問題の解決に努めることは監督者として重要な責務の一つである。

⑥市民に対する接遇
　　市民の消防行政に対する信頼性の基本は、接遇と専門性にある。消防士長のポストは、副士長、消防士とともに窓口業務や災害活動を通

第7章　組織・人事・職場規律

じて市民に接する機会が多いだけに、誠意のある言動やマナーに十分に注意する必要がある。このため自ら模範的な接遇、マナー、識見を持つように努力し、部下のお手本となる存在でなければならない。

⑦情報の共有化
　情報は速やかに伝達し、報告することが必要である。部下からの意見具申には、誠意を持って耳を傾け、問題の解決に努めるとともに、重要情報は速やかに上司に報告するなど、常に情報を通じて意思の疎通に努めることが求められる。

⑧自己啓発
　職務に関係する知識、技能について自らの能力開発を行うことが必要である。士長は、部下を指導する立場にあるので、自らの実力を高めるために自己啓発に努め、部下に啓発力を与える存在でなければならない。

　以上が、消防士長として組織力を高める要件であると考えるので、これからも自らの能力開発の向上に努めたいと思う。

小論文 例題2

> 服務規律の必要性とそれを守るために心掛けていることを述べよ。
> 　　　　　　　　　　　　　　　　　　　　　　　　　　（副士長）

■　出題のねらい

「組織にとって、服務規律はなぜ重要か」についてどのように理解し、平素から服務規律を守るために、自らどのように実践しているか、具体的な内容について問うている。

■　用語についての基礎知識
「服務」とは
　一般的に服務とは、職務・任務に服することをいう。「服」には、従うという意味がある。

「公務員としての服務の理念」とは
　全体の奉仕者として、公共の福祉の増進を図るため、誠意をもって職務に精励することをいう。

「公務員としての服務規律」とは
　任務に服するうえで守らなければならない義務や規律をいう。

「服務上の規律」には
　宣誓の義務、職務遂行上の義務、信用保持義務、守秘義務、争議行為の禁止、政治的行為の制限、営利企業等への就業の制限、兼業の制限がある。

「規律」とは
　規律とは個人の規則正しい生活、団体の秩序を保つための行為の基準をいう。本質的には、服従、勤勉、活力、態度であり、組織と職員との間に取り決められた約束ごと（法律、条例、規則、内規等）に従って、これを守り、尊重することを意味する。

「心掛けている」とは
　そのことを忘れずに、常に念頭に置くこと、どんな事態にも対処できるように用意を忘れずにしておくこと、いつも注意していることなどをいう。

■　小論文作成のポイント
　服務規律は、組織にとってなぜ必要か、自ら服務規律を守るために実践し

ている具体的事項について説明する必要がある。

　公務員の服務規律の内容に深く立ち入ると、道徳や倫理の問題に触れることになるが、全体のバランスを考えて立ち入り過ぎないようにする。ポイントは次のとおり。

① 　副士長は、組織の中でどのような立場にあるか。
② 　組織にとって、服務規律とは何か。
③ 　服務規律と道徳（倫理）との関係
④ 　服務規律と非番日の生活行動との関係
⑤ 　服務規律、道徳感について、自ら心掛け実践していること。

文例研究

テーマ

服務規律の必要性とそれを守るために心掛けていることを述べよ。
（副士長）

解答例

①消防の特質と服務規律

　いかなる職場でも、組織が発展するには、服務規律の保持が極めて重要である。特に消防職員は、制服を着用することが原則として義務付けられている。また、法令上の職務権限が付与されているが、このことは、一般の公務員と比較して服務規律が強く求められていることを意味する。

　規律は、本来、組織を通じて強制されるものではない。管理監督者、職員一人ひとりが、法令や組織で決められた法令、規則を守り、互いに尊重し職場の士気を高めて、市民から信頼される行政を行うことにある。

　規律は、上司の監視によって守られるものではない。組織を構成する一人ひとりが、当然に守るべき義務として、自覚し実践することに

ある。
　服務規律には、宣誓の義務、職務遂行の義務、信用保持の義務、守秘義務、争議行為の禁止、政治的行為の制限、営利企業等への就職の制限、兼業の制限等がある。消防の職務には、災害活動や予防行政等を行う上で、法令上、多くの権限が付与されている。このため服務規律に違反することのないように、法令で定める服務規定、倫理、道徳心を身に付け実践に努める必要がある。

②服務規律と道徳心
　消防職員の服務規律は、地方公務員法や消防法等で定めているが、道徳・接遇等についても、日常の行為、行動に注意しなければならない。
　職場内や市民と接するときのあいさつ、電話のかけ方、服装、調髪、喫煙のマナー等、他人に不快感を与えるような行為、行動に注意しなければならない。また部下に対し当務、非番日を問わず自主的に道徳規範を守るように啓発する必要がある。

③日常の心構えについて
　消防の仕事は、火災、救助、救急業務、事業所への立入検査、一般家庭への防火指導等を行う際に、企業秘密や家庭のプライバシーに関する情報を知ることが多い。このため職務上知り得た情報については口外することのないように守秘義務が課せられている。
　服務規律は、勤務時間内にとどまらず、非番日の生活においても、交通違反、飲酒等による事故には、十分に注意しなければいけない。非番の日は、私服を着用するので、とかく緊張感が緩みやすい。くわえたばこやたばこの投げ捨て等は、消防職員として恥ずべき行為なので、注意するように自分自身に言い聞かせている。
　私は、当番、非番日を問わず服務規律や道徳心を高めるために、自らチェックし、習慣づけるように努めている。就寝するときには、今

日一日を省みて反省すべき点がなかったか、他人に対し不愉快な言動がなかったか、改善すべき点があればメモをとり、改めるように努力している。

　他人と共に行動する際には、安易に迎合したり、軽率な行為、行動をとることのないように、客観的にクールに判断するように努めている。消防職員としての自覚を持ち、法令違反や道徳心に欠けることのないように、常に自ら戒め、言い聞かせ、行動するように努めている。

ワンポイント・レッスン

服務規律とは何か？

　服務規律に関する問題は、消防副士長、消防士長、消防司令補のランクで出題されやすい問題だけに、「服務とは何か」、「規律とは何か」について、よく理解しておくことが必要だ。

　日常、自ら努力していること、自ら実践していることについて、考え方をまとめておけば、よい答案を書くことができる。何も考えずに漠然と日々を過ごし、何となく行動していては、良い答案は書けない。泥縄式の戦法では役に立たないということである。

　だから昇任試験を受けて昇進しようとするのであれば、平素から日々の生活や仕事を通じて自分なりの実践規範を身に付け、行動することが重要だ。

○　規律とは何か

　「襟を正す」という意味は、襟の乱れを直し、服装を整えることをいう。最近は、国、地方を問わず公務員の不祥事が相次いで起こり、公務員としてのモラルが問われている。服務規律、モラルについて、よく研究しておくことが必要だ。

○　規律は、組織を健全に維持し発展させる上で、互いに守らなけれ

ばならない約束ごとである。
　例えば、時間の厳守、服装、言語・態度、報告、責任等である。規律は、社会生活を営む上で、道義的に守らなければならない組織で決めたルールである。働く者にとって規律は、押し付けられたものとして受け止めるのではなく、組織とそこで働く者との契約行為であると考えなければならない。

○　規律は組織が決めた守るべきルールである。規律は管理監督者、職員のすべてに及ぶ。幹部だから多少の規律違反は認められるだろうといった性格のものではない。むしろ幹部になれば、自ら率先垂範してお手本を示さなければいけない。
　規律は多分に自律的な性格を持っており、職員一人ひとりの自覚に負うところが極めて大きい。
　規律は、職員一人ひとりが自覚すべき問題であるが、士気の高い職場は、一人ひとりが規律を尊重する。逆に士気の低い職場は、規律が乱れ、事故やトラブルが起こりやすい。この結果、行政に対する信頼性を失うことになる。
　リーダーの重要な役割の一つに、「しつけ」教育がある。「しつけ」教育は、家庭、学校、職場において行われなければならないが、道徳教育というと戦前の遺物だといって忌み嫌う風潮がある。しかし、このような考えは正しいとはいえない。
　職場のモラルが高いか低いかは、そこに勤務する管理監督者や職員の規律や道徳心に負うところが大きい。

第7章　組織・人事・職場規律

> 小論文
> **例題3**
> 消防職員として職務を遂行していく上で、いつも心掛けていることを述べよ。
> （副士長）

■　出題のねらい

　消防職員として、平素、どのような点に心掛け、職務の遂行に当たっているかについて問うている。一般論としての心構えではなく、受験者が、日々、自ら心掛け実践している内容について述べることが、出題者のねらいと思われる。

■　用語についての基礎知識

　特に難しい用語等は見当たらない。

■　小論文作成のポイント

　消防職員としての職務上の心構えについては、次のような点に着目する必要がある。

- 使命感、全体の奉仕者
- 消防行政の特質についての認識
- 職務への専念義務、職務意欲
- 法令遵守・服務規律の保持
- 公務の信頼性
- 公務能率
- 接遇等
- 自らの努力目標

> 文例研究

テーマ

消防職員として職務を遂行していく上で、いつも心掛けていることを述べよ。（副士長）

解答例

　私は救急隊員として勤務している。救急の仕事は、市民生活の安全を図る上で、極めて重要な公務を担当していると自ら誇りに思っている。

　ある会合の席で市民の方から次のような話を聞かされた。「先日、孫が、救急隊の方にお世話になった。119番の受付から救急車の到着、搬送中の措置、病院で医師に引き継ぐまでの救急活動は、実に手際がよく、きびきびとした活動が大変印象的だった。病院の医師の話では、救急隊の措置が極めて良かったからだと聞かされて、一言お礼を言いたかった」のだという。

①仕事を行う上で心掛けねばならないこと

　この話を聞かされて、私は改めて日常の救急業務の重要性を認識した。市民の消防行政に寄せる信頼を一層高めるには、職務に対する探究心、全体の奉仕者としての職務に対する使命感、生命の安全を確保するために知識・技術の練磨、市民に対する接遇、態度、仕事の計画性、能率的な処理、職場内の人間関係の円滑化等に努めることが何よりも大切なことだと感じた。そして市民のために何をなすべきか、改めて使命の重要性を認識させられた。

②日常、心掛けていること、努力目標について

　消防行政には、権限を行使する予防業務、消火活動、救助、救急業

務等があるが、私はいずれの消防業務を担当させられても、常に市民から信頼される仕事をするために、次のことを努力目標に実践している。

○　人の痛みを感じることのできる感性が必要だと思う。火災や救急等の事故で傷ついた人や近親者等に、「人間愛」の精神で接するように努力する。

○　物事を処理し、行動する際には、法律や服務規律に違反することのないように注意を払い、行動するように努める。

○　プロとしての専門性を高めるために、自らの能力開発に努める。

○　一日の勤務を省みて、市民に対する接遇や職場内で、相手に不愉快な態度、乱暴な言葉遣いがなかったか、自ら点検に努める。改善すべき点があれば、速やかに改めるように努力する。

○　自らの能力開発を高めるために、知識、道徳や倫理等に関する読書、体力練成のために一日一回、ジョギングを行う等、体力の向上に努めている。

これからも日々新たなる気持ちを持って努力し、自らの能力を高め、市民から一層信頼される有能な消防職員になるために努力したいと考えている。

小論文 例題4

道徳について、あなたの実践規範について述べよ。　　（＊）

■　出題のねらい

　最近の世相は、人々の道徳心や倫理観が低下し、犯罪が増加している。道徳は個人が自ら守らなければならない社会的規範であるが、現代社会はとかく「人が見ていなければ多少のルール違反は許されるだろう」、「他人が守る

べきことに反しているのだから自分も守らなくてもいいのではないか」といった社会的風潮があちこちで見られるようになった。

このような現状にあって、消防職員としてあなた自身、道徳についてどのように自覚しているか、その考え方や具体的な実践方法について問うている。

■　用語についての基礎知識
「道徳」とは
　社会生活を営む上で、一人ひとりが守るべき行為の基準を意味する。「良心に恥じない」とか「良心的に」といった用語が日常的に使われるが、いずれも道徳の根源にかかわる問題である。
　良心とは道徳的な善悪をわきまえ、区別し、正しく行動しようとする心の働きをいう。良心的とは、自分の心に納得できるまで誠実に物事を行う態度を意味する。
　アレキシス・カレルは、「道徳的活動とは、自分に行動の規制を課したり、いくつかのとるべき道の中からよいと思ったものを選んだり、自分の我儘や悪意を抑えつける人間の能力のことである。それは人間に、責任や義務という観念を起こさせる。」（アレキシス・カレル著、渡部昇一訳『人間この未知なるもの』p.167）と述べている。
　道徳は、法律のような外面的な強制力を伴わない個人の内面的な規範に属する問題である。罰せられなければ、何をしてもよいといった自己中心的な考えではなく、社会生活を営む上で、人に迷惑をかけないために、自分のわがままや悪意を自らコントロールすることが、道徳心を持った行為・行動だといえる。

「規範」とは
　判断、評価、行為等のよるべき基準をいう。ごみやたばこのポイ捨て、かんだガムやつばを路上に吐き捨てる、落書きするといった行為は、道徳的にみて批判されるべき行為だといえる。
　このような行為についての是々非々を判断する基準、行為の基準を規範

第7章　組織・人事・職場規律

という。
　　注）正しいあいさつ、正しい言葉遣い、誠意ある態度、人を思いやる心、親切心、物事の整理整頓、時間管理等は、いずれも道徳・倫理に関係した職場規律である。

■　小論文作成のポイント
　✣　最近の道徳に対する世相について感じていること。
　✣　「してはならない」という規範をどう遵守するか。
　✣　「他人がしてほしい、してほしくない」について、気配りすることの重要性
　✣　消防職員としての道徳心を持つことの重要性（職務と道徳心）
　✣　道徳心を持って、自ら実践し努力していること（具体的に）。

> ### 文例研究
>
> **テーマ**
> 道徳について、あなたの実践規範について述べよ。（＊）
>
> **解答例**
> 　　最近、社会的な傾向として、人々の公共心や道徳心が著しく低下していることに心から危ぐしている。
> 　　寝静まった深夜に騒音を立てて走るバイク、公共物への落書き、所構わず喫煙する人、たばこの吸い殻やごみの投げ捨て、電車の中での携帯電話の使用、酔っ払って大声を張り上げながら人に絡むなど、目に余ることが多い。人に迷惑を与えたり、人に嫌がられる行為は、法律に違反していようが、道徳上の問題であろうが慎まなければならない行為である。
> 　　このような道徳心に反する行為や、「自分さえよければ、人のことはどうでもよい」とする考えは、「自我の欲求さえ満たせばそれでよ

し」とする独りよがりの考えに基づくもので、明るい幸せな社会生活を営む上で、社会全体を住みにくくしている。

①道徳規範の重要性

　道徳は、健全な社会生活を営む上で、人々が互いに守るべき規範であって尊重しなければいけない。しかし、「赤信号、皆で渡れば怖くない」ではないが、守るべき規範を軽視しやすい。日常の生活の中に自らの道徳心を身に付ける努力が必要である。

　自らの道徳心を身に付けるには、道徳に反する行為を戒め、人が見ていなければ多少のことは許されるだろうといった甘い考えを捨てて、自分だけは絶対に道徳規範を守るといった強い信念が必要である。

　私は、毎日の生活の中で、1日を省みて自ら道徳心に欠ける行為がなかったか、反省する点がなかったか、総点検をするように心掛けている。

②私の道徳に対する実践規範について

　道徳心は、ただ漠然と持つのではなく、自らの行為・行動について、どの点がしっかりと守られているか、どの点が弱いか、自ら評価表を作り、自己管理に努めている。

　また、人がしてほしいと思う良いことは、努めて行うように心掛けている。例えば、職場内や周囲の環境が汚れていれば進んで清掃し、物が乱雑に放置されていれば進んで整理整頓する。受付事務で相談に訪れる人、災害現場で被災した人には、温かい心を持って接し、誠意ある行動がとれるように努めている。消防の仕事は、災害活動や受付業務等、市民と接する機会が多いだけに、道徳規範をしっかりと守るようにしなければいけないと思う。

　部下との関係においても、自ら模範的な行為、行動をとり、物の見方、考え方を示すなど、常に部下のお手本となる存在でなければならないと考えている。このため自ら、部下に対し道徳心を啓発し、助長

するような存在にならなければいけないと自ら言い聞かせている。
　道徳意識の高い職場は、職場内の整理整頓、規律の保持、接遇等が優れている。モラルの高い職場にするには、自ら高い道徳観を持ってリーダーシップを発揮し、職員一人ひとりの自律性を高めることが重要と考える。

小論文 例題5

消防士長の職責について述べよ。　　　　　　　　　（＊）

■　出題のねらい

消防士長という組織上の責務について、どのように理解しているか。職務上の役割をどのように認識し、自らの責任を果たしたらよいか、その心構えについて問うている。

■　用語についての基礎知識

「職責」とは

職務上の責任をいう。ここでは消防士長として職務上、果たさなければならない「責任」を意味する。責任には、「職務上の責任」と「私的生活の場における一社会人としての責任」がある。

■　小論文作成のポイント

消防士長に昇任したならば、職責をどのように自覚して組織のために努力するか、職責を果たすには、自らどのような観点に立って職務を担当し、努力するのか、その心構えを述べる必要がある。

- ❖　消防士長の使命感、服務規律
- ❖　上司の補佐
- ❖　リーダーシップの発揮

- 部下指導、人間関係の重要性
- 仕事の計画性、公務能率
- 自己啓発、部下に対する啓発力の重要性

文例研究

テーマ
消防士長の職責について述べよ。（＊）

解答例
　消防士長のポストは、上司への補佐、副士長、消防士に対し指導力を発揮する立場にある。受付事務や災害活動、消防団や防災指導等を通じて市民と接する機会が多い。このため市民との応対、電話等の接受、マナー、職務知識等について市民から信頼される能力が求められる。私は、消防士長としての職責を果たすには、次のような点が重要であると考える。

①使命感、服務規律
　消防士長は、職務を通じて強い使命感を持たなければならない。使命感とは、消防の目的を達成するために何をなすべきかについて認識し、情熱と責任を持って組織目的のために行動し、市民の信頼を得ることにある。
　法令や道徳を守り、服務規律に違反することのないように、当番・非番日を通じて消防職員としての自覚が必要である。部下を監督し指導する立場にあるだけに、いたずらに部下に迎合することなく、組織管理の原則に沿って強い使命感と服務規律の伸張に努める必要があると考える。

②上司の補佐、リーダーシップの発揮
　上司に対し積極的に補佐する立場にある。補佐とは、上司の仕事に

対して円滑に進めるために手助けすることを意味する。上司の代理的な仕事、他の所属との調整、指示された仕事の処理をいう。また、上司の判断に誤りがあれば、積極的に意見を具申する補佐としての重要な役割がある。

　消防士長は、部下に対し、強いリーダーシップが必要である。組織目的に向かって部下集団を統率し、士気を高め、組織力を発揮しなければならない立場にある。何事も優柔不断で意思決定があいまいであれば、部下は付いてこない。行動力や考え方を通じて、部下のお手本でなければならないと思う。

③部下指導の重要性、人間関係
　単なる理屈や理論を述べるだけでは部下は付いてこない。部下を指導するには、率先垂範の精神と実践的に役立つ知識、技術に専門性がなければならない。このためのノウハウをしっかりと身に付ける必要がある。心が通じ合うことのできる人間性を持たなければならない。
　部下指導は、一方通行で指導してみても効果は上がらない。部下の一人ひとりの能力に着目して評価し、個々の能力や性格に応じて、良い点を褒め、劣る点をしっかりと指導をしなければならないと考える。
　消防士長は、上司、部下、同僚と密接な関係にあるだけに、仕事を通じて職場内の良き人間関係の維持に努めることが必要である。良き人間関係の維持は、職場の士気を高め、組織として多くの成果を収めることができるだけに重要である。
　このため定型組織、非定型的組織を通じて、組織目的を達成するために、互いに切磋琢磨し能力を高め合う人間関係が求められる。

④自己啓発、部下への啓発力
　消防士長は、日々、新たな気持ちで、自らの能力開発を進める必要がある。行政の構造改革、行政の広域化、公務能率、仕事の目標管理、災害の危機管理、科学的な安全管理、市民サービスの在り方等、社会

経済の変化や技術革新に伴い、消防を取り巻く客観情勢が大きく変化している。このため、積極的に自己啓発に努めることが重要と考える。

以上が、消防士長としての職責と考える。私は、有能なリーダーとなるために、これからも大いに自己研さんに努めたいと思う。

ワンポイント・レッスン

組織とは何か？

○ 「組織とは何か」について考えてみよう。

堺屋太一さんは著書『組織の盛衰』の中で、「日本の歴史を通じて、組織に関する研究は、ほとんどなされてこなかった。このため、『組織』に関する定義は、具体性に乏しく見るべきものが少ない」と述べている。

「あ、うん」の呼吸で仕事をしてきた日本の社会では、物事を科学的、合理的に考える習慣がなかったものと思われる。消防の社会においても「組織目的を達成するために…」、「組織力を発揮して…」、「互いに協力し組織としての力を高めるには…」といった言葉がしばしば使われるが、具体的に「組織とは何か？」となると、的確に答えることができる人は少ないように思われる。

日本の企業や行政に、欧米の経営管理（マネジメント）の考え方が導入されるようになったのは、戦後のことである。この結果、組織に関する具体的な研究が行われるようになり、日本型組織管理とマネジメントの考え方が相容れ、醸成しながら人事管理手法が行われるようになった。「組織とは何か？」を理解するには、「マネジメント」について理解することが重要である。

「組織」は国語辞典をひくと、次のように説明している。

* 織物で、縦糸と横糸とを組み合わせること。
* 組み立てること。

* 社会を構成する各要素が結合した有機的な働きを有する統一的、構成の仕方をいう。(広辞苑)
* 一定の役割を持つ、物(人)が構成する秩序ある全体をいう。
* 狭義には、官庁、会社、団体、労働組合を指す。(新明解国語辞典)
* 幾つかの物とか何人かの人とかで形作られる、秩序ある全体。そういう全体としてのまとまりを作ること。(岩波国語辞典)

　小論文試験では、「組織の行動力」、「組織人」、「組織力」、「組織力向上」等…組織に関する問題が、またぞろ式に出てくる。組織の意味を理解するには、マネジメントに関する良い本を選び、繰り返し繰り返し読み、徹底して頭にたたき込むことである。
　マネジメントの原理・原則を理解し、消防の組織に当てはめ、対比し、現状との違いを見いだすように努める。そうすることによって組織の在り方を理解し、問題意識も一層高まるようになる。
　私は、この方法で長年努力してきたが、よい仕事を行い、よい小論文の答案を書くには、この方法が一番効果的だと確信している。

　マネジメントで有名なC・I・バーナードは、次のように述べている。
　「組織は、相互に意思を伝達できる人々がおり、それらの人々は行為を貢献しようとする意欲をもって、共通目的の達成をめざすときに成立する。従って、…中略…
　組織の要素には、
✣ 伝達(コミュニケーション)
✣ 貢献意欲
✣ 共通目的

がある。組織成立にあたって必要にして十分な条件である。組織が存続するためには、有効性または能率性のいずれかが必要であり、組織の寿命が長くなればなるほど双方が一層必要となる。

　組織の生命力は、共同体系に諸力を貢献しようとする個人の意欲のいかんにかかっており、この意欲には、目的が遂行できるという信念が必要である」

(C・I・バーナード著、山本安次郎・田杉競・飯野春樹訳『経営者の役割』ダイヤモンド社)

小論文
例題6

あなたが消防司令補に昇任した場合、組織の中で果たさなければならない役割について述べよ。　　　　　　　　　　（司令補）

■ 出題のねらい

消防司令補に昇任したならば、どのような観点に立って仕事を行うべきか、司令補というポストは、組織の中でどのような位置付けにあるのか、仕事の上で、どのような組織上の役割と責任が負わされているか、について問うている。

■ 用語についての基礎知識

「組織」について

　組織とは、「一つの目的を達成するために、志を同じくする人々の集団である」といえる。消防の組織目的は、消防組織法で定めているように、火災、水害、救急、救助等の災害活動や予防行政を通じて、災害発生の未然防止、損害の軽減を図ることを目的に、組織目的や体制の在り方について定めている。しかし、組織とは何かについて具体的な説明はない。

第7章　組織・人事・職場規律

「役割」とは

役割とは、割り振られた役目（事務）について、責任や義務を果たすことをいう。ここでいう司令補としての役割とは、組織を通じて司令補という階級に割り振られた責任や義務を意味する。

■　小論文作成のポイント

- ✤　組織における司令補というポストの位置付け
- ✤　司令補として果たすべき役割（責務・義務）
- ✤　リーダーシップの重要性
- ✤　仕事の計画的推進、成果を上げること。
- ✤　上司に対する補佐（リーダーシップの重要性）
- ✤　上司、同僚、部下との人間関係
- ✤　部下指導の重要性
- ✤　公務能率の向上との関係
- ✤　自己啓発の重要性

文例研究

テーマ

あなたが消防司令補に昇任した場合、組織の中で果たさなければならない役割について述べよ。（司令補）

解答例

　司令補の役割は、①リーダーシップの発揮、②上司への補佐、③仕事の配分、公務能率の推進、④部下指導、⑤良き人間関係の維持、⑥自己啓発に努めること、が主たる役割であると考える。

①リーダーシップの発揮
　司令補は、部下を統率し、強いリーダーシップを発揮しなければな

らない立場にある。リーダーシップとは、部下に対し組織が示す方針に沿って、進めるべき方向を具体的に示し、目標管理の下に業務を効率的に推進することをいう。優柔不断な態度、あいまいな意思決定は士気を低下させるだけに、リーダーシップを積極的に発揮することが重要である。

②上司への補佐とは
　「良きリーダーは、良き補佐役でなければならない」と言われるように、上司に対する補佐は重要である。補佐とは、上司の仕事について、事務連絡、資料の作成、上司の代理的な事務処理等がある。しかし、単なるイエスマンとして上司を手助けすることだけが補佐ではない。上司の指示や判断に誤りがあれば、進んで意見を具申することも補佐役として重要な責務の一つである。

③仕事の配分、公務能率の推進
　自ら仕事を独占し、部下に仕事を与えないようでは職場の士気は上がらない。部下に仕事を配分して権限を委譲し、責任を明確にすることで部下の士気を高め、組織集団としての成果を高めることができる。目標管理の下に計画的に能率的に業務を推進する責任がある。行政サービスや事務処理は、合理的で能率的でなければならない。時間管理、コスト意識を持って、無理や無駄のない事務処理等に努めることが必要である。

④部下指導
　部下の能力を高めるには、接遇、訓練、事務処理等について、手順や方法について、具体的に「模範を示す」、「やらせてみる」ことが重要である。また、指導の内容は科学的・合理的で能率的な手法でなければならない。
　仕事の成果を収めたならば、自らの成果とはせずに、部下の功績で

あると評価することが、士気を高める上で重要である。

⑤良き人間関係の維持
　職場の人間関係が良いか、悪いかは、組織としての団結力、士気に及ぼす影響が大きいだけに、より良い人間関係を維持することが重要である。
　心の通じ合う感性豊かな人間関係を維持するには、部下の悩みや公私の問題について気安く相談に応じ、問題の解決に努めることのできる人間性を持たなければならない。
　監督者としての司令補のポストは、上司、同僚、部下との良好な人間関係の醸成に努める重要な役割がある。職場の人間関係には、フォーマル組織、インフォーマル組織があるが、いずれの組織においても互いに人間関係を尊重し、職場の士気を高めることが求められる。世代の違いによって人間関係が断絶することのないように、職場内の上下左右の人間関係の円滑化に努める責務がある。

⑥自己啓発の重要性
　部下から信頼されるには、自らの能力開発に努めなければならない。仕事に対する専門的知識、技能、人間性、道徳観を高めるための自己啓発が必要である。仕事の成果に結び付ける自己啓発とは、自ら能力的に不足している点について把握する必要がある。また、部下と共に共通の目標を定めて互いに努力し、競い合うことも仕事の成果を高める上で必要なことだと思う。
　部下に自己啓発の重要性を理解させるには、自ら啓発力を持つことが重要である。自ら自己啓発を怠り、部下にだけ求めてみても部下はついてこないからである。

　信頼される司令補となるために、以上、六つの点を重要と考え、所見を述べた。今後も自らの能力の向上に一層努力していきたい。

[ワンポイント・レッスン]

リーダー、リーダーシップとは？

（リーダー、リーダーシップについて）

　消防の職場では、しばしば「リーダーシップを発揮せよ！」と言われる。しかし、「リーダーシップとは具体的に何か？」と問われると明確に答えられる人は少ない。リーダーシップの重要性が強調されるが、リーダーシップの在り方について議論されることは少ない。消防小論文の出題傾向を見ても、リーダーシップのテーマに関する問題はほとんど見当たらない。

　消防は、階級制度を取り入れた軍隊式組織を有しているだけに、管理・監督者（消防士長以上）のリーダーシップは極めて重要であるが、小論文や教育の面では関心が持たれているとは言えない。

　リーダーシップの内容は、組織の運営管理、目標管理の設定と推進、人間関係の在り方、人間の行動科学、自己啓発等、マネジメント（経営管理）そのものであるといっても過言ではない。リーダーシップに関する小論文が出題されることが少ないことを理由に、リーダーシップに関する本を読まないようでは、小論文対策を考える上で大きな配慮不足となる。

　リーダーシップは、士長から司令長等に至るまで、管理・監督者にとって共通して重要な問題である。だから、リーダーシップの在り方について、とことん勉強することだ。リーダーシップの在り方を具体的に理解できれば、小論文に出てくる問題の多くは、容易に解答することができる。リーダーシップは、人間学の勉強でもあることを理解してほしい。

（用語の説明）

- リーダーとは

　リーダーとは、指揮者、先駆者、先達等をいう。

リーダーは、組織集団を統率し目的に向かって業務を推進する立場にある人のことをいう。

消防の組織で管理者といえば、消防長、消防署長、課長等をいう。管理・監督者といえば、部下を管理し、監督する立場にある管理者をいう。管理者ではないが、部下を監督すべき立場にある係長、主任（司令、司令補、士長は、監督者である。管理・監督者は、組織上のリーダーである（広く解釈すれば、消防士も市民の防災訓練や消防団等を指導するので指導的な仕事をする消防吏員は、リーダーといえる。）。

❖ リーダーシップとは

リーダーシップとは指揮者、先駆者、先達等の地位、指導権、指導者としての資質、能力、力量、統率力をいう。

リーダーシップを発揮するには、リーダーとしての使命感、人間性、知識・技能、道徳観、指導力、実践力、自己啓発等についての能力が求められる。

> **小論文**
> **例題7**
> 消防業務の推進とリーダーシップとの関係について述べよ。
> (＊)

■ 出題のねらい

　消防は、業務の特質から見て、他の行政には見られない軍隊式組織（階級制度）を取り入れている。火災、救助、救急等の災害活動を行うには、強いリーダーシップが求められる。消防業務はリーダーシップと密接な関係にあるだけに、受験者が、両者の関係についてどの程度、理解しているかを問うている。

■ 用語についての基礎知識

「**リーダーシップ**」（p.80のワンポイント・レッスン参照）

■ 小論文作成のポイント
- 消防業務の推進とリーダーシップとの関係
- リーダーシップの発揮の仕方（計画と目標管理、責任の明確化、成果の確認）
- 上司の補佐、部下指導
- 人間関係の円滑化と職場士気
- 公務能率の向上
- リスク管理
- 自己啓発、部下への啓発力

第7章　組織・人事・職場規律

文例研究

テーマ

消防業務の推進とリーダーシップとの関係について述べよ。（＊）

解答例

　　消防は階級制度を取り入れている。このため、一般の行政事務では見られない数多くの特質がある。例えば、火災、救助、救急等の災害活動をはじめ、予防、防災、総務、訓練等の業務がそうである。特に、災害活動や訓練では、強いリーダーシップが求められる。私は、業務を効果的に推進する上で、リーダーシップの果たす役割がいかに重要であるかについて、次の観点から所見を述べたい。

①リーダーシップの重要性
　　リーダーシップは、ただ漠然と叱咤激励するだけでは仕事の成果は期待できない。状況に応じて、独裁型のリーダーシップや民主型のリーダーシップを発揮する必要がある。緊急性の高い災害活動や士気の低い部下集団には、独裁型のリーダーシップを発揮する。逆に、緊急を要しない平常時の業務や職務意欲の旺盛な能力ある部下集団には、民主型のリーダーシップを発揮することが望ましい。緊急性が伴わない平常時の事務処理には、部下の参画を求め、意見を聞いて計画し実施する民主型のリーダーシップが、より成果を発揮するだろう。

②上司の補佐、部下指導
　　上司を補佐し、部下を育成することは、リーダーとしての重要な責務の一つである。「より良きリーダーは、上司に対し、より良き補佐役でなければならない」と言われるように、上司の指示には忠実でなければならない。また、上司の判断や指示に疑問や誤りがあれば、直

ちに意見を具申することも重要な役割の一つと言える。
　部下に仕事を与えず、自ら仕事を丸抱えにする上司の下では、部下は育たないばかりか、仕事の成果も期待できない。部下に仕事を委譲し、教育訓練を通じて能力を高め、職場規律を重んじることが、職場全体の士気を高め、組織の活性化に結び付くのである。

③人間関係の円滑化と職場士気
　上司、同僚、部下との人間関係に心を配り、良き人間関係を維持することは、リーダーとしての重要な役割と言える。人間関係は、相互の信頼関係がなければ成立しない。部下の欲求や不満を察知し、悩み事に気軽に相談に応じることのできる職場風土をつくることが重要と考える。
　階級制度の社会では、とかく階級によって上下の意思の疎通が断絶しやすいだけに、積極的に情報を部下に知らしめるとともに、部下の人間性を尊重し、意思の疎通を図ることが必要である。

④公務能率の向上
　業務は、勤務時間を大過なくまじめに勤務すればよしと考えるべきではない。業務を処理する上で無駄はないか？　時間を多くかけ過ぎてはいないか？　市民サービスに欠ける点はないか？　経費の無駄遣いはないか？　等について問題点を抽出し、処理することが重要である。
　より能率的で合理的な処理の仕方を念頭に入れて業務を処理することがリーダーとしての役割であり、責務でもある。日常の仕事は、ただ漫然と行うのではなく、創造性を持って業務の改善に努める必要がある。親方日の丸だ、非能率でコストの無駄遣いだ、と言われないために、創意工夫をしながら能率的な業務の処理に努める必要がある。

⑤リスクの管理

消防業務を推進する上で多くのリスクがある。災害活動に伴う事故、企業や住民からの苦情、訓練や作業に伴う労働災害、部下の不祥事、交通事故、消防行政に対するクレーム等がある。リスクは、「事故発生の可能性」を意味し、事故が起こるかどうか分からない不確実性がある。リスクがあると判断したならば、事故の発生を予防するために事前にリスクを点検し、回避し、予防することが必要である。
　リーダーは、日常の業務を推進する上で、どこにどのようなリスクがあるか、目ざとくチェックを行い、リスクを把握し処理する能力が求められる。

⑥自己啓発、部下への啓発力
　リーダーシップを発揮するには、自らの能力開発に努める必要がある。職務に関係する問題について、後輩と共に自己啓発に努めることが重要である。例えば、パソコン、書道、資格の取得等、互いに競い合うことによって、個々、職員の能力を向上させ、職場の活性化に結び付けることができる。部下に対し、自己啓発の重要性について啓発力を持つこともリーダーシップを発揮する上で大切なことであると考える。

以上、消防業務を効果的に推進する上で必要なリーダーシップの在り方について述べたが、私は、これからも有能なリーダーになるために、一層の能力開発に努めたいと思う。

> ワンポイント・レッスン
>
> **リーダーの魅力とは？**
>
> * 指導力がある。
> * 大過なく過ごすのではなく、ことと内容によってリスクに挑戦する。
> * 責任感が旺盛で、統率力、実行力、将来へのビジョンがある。
> * 部下の長所、短所を的確に把握している。
> * 上下の隔たりを感じさせない。
> * 判断力がよい。
> * 部下の意見をよく聞き、意見を取り入れる。
> * 快活で、部下の面倒をよくみる。
> * 太っ腹、部下をいたわる、自由な雰囲気づくりをする。
> * 省力化、技術革新に強く、創造性がある。
> * 部下の不平や不満をなくす。
> * 方針、計画に基づいて推進する（計画性を持つことはリーダーとしての重要な責務である。）。
> * 職場の規律を守らせる。
> * 人間関係を大切にする。

第8章　部下指導・人間関係

第8章　部下指導・人間関係

> 小論文
> **例題8**
> 部下の育成が上手な上司の在り方について述べよ。　　　（＊）

■　出題のねらい

　消防が行う火災、救助、救急等の災害活動は、組織力に負うところが極めて大きい。組織は、一人ひとりからなる人間集団によって構成されている。このため、部下の一人ひとりの能力をいかに向上させるかが重要である。
　部下育成が上手な指導者とは、どのような指導者をいうのか、受験者はどのように理解し認識しているか、問うている。

■　用語についての基礎知識
「部下の育成」とは
　部下を育て成長させることを意味する。

■　小論文作成のポイント
　部下育成の上手・下手が、組織に与える影響について
　　✧　部下育成の重要性
　　✧　指導についての基本的な姿勢
　　✧　権限の委譲、責任制、目標管理
　　✧　科学的な管理、評価
　　✧　上司としての指導力、人間性（公平、公正、親切、道徳心、誠実等）

■　類　題
　類似のテーマとしては次のようなものがある。
　　類題1　部下の育成指導がうまい上司とは
　　類題2　部下からみた良い上司とは
　　類題3　部下からみた悪い上司とは

類題4　部下に対し指導力のある上司とは

　小論文問題を作成するには、いろいろな表現上のテクニックが考えられる。ちょっとした文章表現を変えるだけで数多くの問題を作成することができる。受験者に対し、かなり違ったイメージとなる。しかし、基本的な考え方はほとんど変わらない。

　「良い上司」は、「悪い上司」の反対を意味し、「指導力のある上司」は、「育成指導がうまい上司」と同じ意味を持つ。基本さえしっかり頭に入れておけば、表現がどのように変わろうとも惑わされることはない。

　数多くの小論文のテーマに接するよりも、基本をしっかりと学べば、どのような表現で問題が出されようとも少しも驚くことはない。過去に出題された小論文の出題（テーマ）にこだわり、漫然とした対策を立てて勉強するよりは、「上司としての在り方」、「部下の指導」、「リーダーシップの在り方」、「人間関係の在り方」、「コミュニケーション」など、体系的に問題やテーマを整理して勉強する方が、はるかに能率的で効果的である。

文例研究

テーマ

部下の育成が上手な上司の在り方について述べよ。（＊）

解答例

　部下の一人ひとりの能力を高めるということは、組織全体の力を発揮することを意味する。上司になれば、だれでも部下に対する育成指導が上手かといえば、必ずしもそうとはいえない。指導力を高めるための努力が必要である。私は、次の点に留意して指導力を高める必要があると思う。

①指導者としての基本的な姿勢

部下が自分以上の能力を持つことを恐れて、情報を独り占めにしたり、仕事を自ら独占することは、指導者としてのあるべき姿ではない。部下の能力に応じて仕事を与え、指導し、いろいろな経験をさせることによって、部下の能力を高めることができる。このことが上司としての重要な責務だと思う。部下が、上司以上の能力を持つことは、それだけ組織としての力が高まるのであるから、組織にとって歓迎すべきことだと考える。

②権限の委譲、責任制、目標管理等
　部下を育成するには、部下に対し仕事を適正に配分し、権限を委譲し、責任を与えることが必要である。予防や総務等の事務担当者は、事務処理の範囲が明確に示されているのに対し、災害活動系列の職員は、隊員として団体活動や待機的業務の仕事が多いので、計画的に仕事を行わせる必要がある。例えば、隊員、一人ひとりの能力について具体的に評価し、目標管理の下に能力を向上させるようにする。また、個々の隊員の能力管理、小隊、中隊としての能力管理を行わせることも重要なことである。
　部下に権限と責任を委譲し、責任を持たせ目標管理の下に仕事を推進させることは、部下にやる気を持たせ職場の士気を高める上で大切なことである。

③部下指導と人間関係
　部下は、仕事の効果的に推進する方法を理解しているか、知識、技能は十分か、部下が仕事を進める上で、障害となることはないか、関係する部署との事前の調整、きめ細かな指導などについて、配慮することが指導者として必要だと思う。
　仕事を部下に任せる場合は、仕事を白紙委任することではない、仕事の進捗状況を把握し、必要に応じて指導することが、効果的な仕事の進め方だと思う。

部下の悩みやプライバシーに関する問題について気安く相談に応じ、上司・部下・同僚が互いに信頼しあうことのできる人間関係が必要である。
　現代社会はストレスの多い社会であるだけに、仕事のこと、職場の人間関係、友人や家庭内のトラブル、金銭上等の問題など、思い悩む職員が少なくない。
　一途に仕事を追い求めるだけでは、部下は育たないし仕事の成果も期待できない。部下の気持ちを察し、共に悩みや問題を解決しようとする熱意を持った上司でなければ部下は付いてこない。

④失敗に負けない部下を育てる
　人間は、失敗することによって進歩し発展する。部下が一度や二度、失敗したからといって、駄目人間のレッテルを貼らないで、励まし成功に導くことが重要だと思う。難しい問題に直面すれば一緒に考え、問題の解決にあたる上司でなければならないと思う。部下を公平に評価し、よい仕事をすればこれを褒め、更に能力を高めるように助長することが上司としての役割だと考える。

⑤自己啓発の推進
　部下の能力を開発するには、仕事の成果に結び付くテーマを見いだし、互いに努力する職場風土が必要である。言葉だけで「自己啓発」を強調してみても効果は上がらない。パソコン、資格取得など共通の目標を見いだして、互いに切磋琢磨することが重要である。消防署の内外で行われる研修会、講習会等に参加させるなど、機会を与え自己啓発を促し、動機付けを行うことが指導者としての役割であると思う。

⑥上司としての人間性・自己啓発
　部下を育成指導するには、部下が上司に対し、心からの尊敬と信頼の気持ちを持たれるような指導を行わなければ、効果は上がらない。

部下の信頼を得るには、上司として知識、技能はもとより、明朗、公平、親切、道徳心、誠実性がなければならない。何事も前向き指向で、問題意識を持ち、迅速で的確な判断力と意思決定が必要である。

　行動力と説得力に優れ、「仕事の成果は部下のもの、責任は自ら負う」という気持ちを持つことによって、部下との信頼関係を高めることができる。「私は知らない」、「私は聞いていない」、「私の責任ではない」といった言い逃れや責任の回避は、上司としてとるべき姿ではない。上司として、自己啓発を通じて能力の向上に努め、併せて健全な心身の練成に努めることが指導者としての要件と考える。

以上が、部下育成の上手な上司についての私の考えである。これからも一層、自己研鑽に努め、部下育成の上手な上司になるように努力したい。

小論文 例題9

上司の補佐と後輩職員の指導について、消防士長の役割について論ぜよ。　　　　　　　　　　　　　　　　　　（士長）

■　出題のねらい

　消防士長の役割について、「上司への補佐」と「後輩職員との関係」の二点に的を絞り、消防士長としての役割についての考え方を問うている。ここでは、消防士長として自らのあるべき姿については直接求められてはいないが、触れる必要があると思われる。

■　用語についての基礎知識

「上司の補佐」とは

　「補」も「佐」も助けることを意味する。職場でいう上司の補佐とは、

上司を助けて、その務めを果たすことを意味する。

　上司の補佐とは、上司に忠実で何事にもイエスマンで仕事をすることではない。上司を補佐し仕事を円滑に進める一方で、上司といえども全知全能ではないから、ときには不適切な判断や間違いもある。このような場合には、積極的に意見具申をすることも補佐役としての重要な責務の一つだといえる。

■　小論文作成のポイント
- ✣　消防士長の組織上の位置づけ
- ✣　上司の補佐
- ✣　後輩（部下）の指導・育成
  - ＊　部下の能力や性格を正しく認識する
  - ＊　部下の欲求を知り、部下の意見を聞く耳を持つ
  - ＊　目標や方針を具体的に説明し、適正に仕事を配分して計画的に推進する
  - ＊　部下の参画を求め、職務意欲を高める
  - ＊　情報を積極的に提供し、互いに意思の疎通を図る
  - ＊　信賞必罰
  - ＊　部下を正しく評価し、成長感を持たせる
- ✣　自己啓発
  自己啓発に努めると共に、部下に対し啓発力を持つ

第8章　部下指導・人間関係

> **文例研究**
>
> **テーマ**
> 上司の補佐と後輩職員の指導について消防士長としての役割について論ぜよ。（＊）
>
> **解答例**
>
> 　監督的な立場にある消防士長は、上司と部下（後輩職員）と密接な関係にある。このため、上司に対する補佐と合わせて、部下を適切に指導し、強い使命感と責任性を持って努力することが求められる。設問の「上司の補佐」と「後輩職員の指導」の二点について、私の所見を述べたい。
>
> ①上司の補佐
> 　上司の補佐とは、「上司を助け、その務めを果たさせる」ことを意味する。
> 　上司を補佐する上で重要なことは、上司の気に入る仕事を優先し、悪い情報は上司に報告せず、上司の気に入る良い情報だけを伝えたり、上司から指示された仕事を忠実に果たすことが上司の補佐と考えやすいが、このような考え方は正しい補佐とはいえない。
> 　悪い情報こそ一刻も速く上司に伝えるのが、職場のリスク管理を行う上で補佐としての重要な責務である。組織にとって好ましくない情報を聞き流し、阻止し、隠すこと、事と内容によっては組織が危機に陥ることになりかねない。したがって悪い情報こそ最優先に上司に知らしめることが重要と思う。また、上司といえども全知全能ではないので、ときには適切でない判断や重要事項を見落とすこともある。このような場合には、士長として進んで意見を具申することも補佐役としての重要な役割といえる。

補佐としての仕事の在り方は、単なる指示待ち人間ではなく、上司が仕事を円滑に進める上で、力ある存在でなければならない。また、上司に代わって物事を処理し、代理的な仕事をすることも少なくない。このような場合には、事前に補佐として処理する事務の範囲について上司の了解を得ておくことが必要と考える。

②後輩職員への指導力
　部下を指導することは、消防士長としての重要な責務の一つである。指導は、一方的に指導してみても効果は上がらない。指導したならば、その結果について効果を確認する必要がある。
　指導する前と比較して進歩したか否かについて把握しなければ指導したことにはならない。部下の性格や能力は一人ひとり異なるだけに、画一的な指導では効果は上がらない。個々の性格や能力に応じたきめ細かな指導が必要である。指導の内容を記録し、やってみせる、やらせてみるなど個々の職員の性格や能力に応じて改善や進歩の状況を把握し、激励し、努力させることが効果の上がる指導の方法だと思う。
　具体的には、
　　　＊　部下の意見を率直に聞く耳を持つ人。
　　　＊　仕事を計画化し、目標管理の下に推進するようにする。
　　　＊　情報は速やかに部下に知らしめ、徹底を図る。
　　　＊　仕事の成果を正しく評価する。
　　　＊　マンネリ化することのないように、自己啓発に努める。
　　　＊　人間関係を通じて意思の疎通を図る。
などがある。
消防士長として上司に対する補佐、部下に対する指導について私の考えを述べたが、上司を補佐し部下を指導するには、自らの能力の向上を図ることが重要である。私は、これからも自己啓発の重要性を認識し、日々、努力、精進に努めたいと考えている。

第8章　部下指導・人間関係

> **小論文**
> **例題10**
> 　職員の大量退職期の到来に備えて、人材育成方策と組織力（マンパワー）を維持する方策について述べよ。　　　（司令）

■　出題のねらい

　高度経済成長期に大量に採用された職員は「団塊の世代」と言われている。消防の社会においても、団塊の世代と称する多数の職員が、数年後に退職の時期を迎える。実務経験が豊富な消防職員が多数退職することは、組織にとって行政サービスの低下を招きかねないだけに、対策を講じる必要がある。

　一度に大量の欠員補充が行われれば、教育訓練の受け入れ体制に大きな支障をきたすことになる。組織が抱える重要課題について、管理・監督的立場からどのようにして問題の解決を図ればよいか、組織としての施策や対策について受験者の考え方を問うている。

■　用語についての基礎知識

「大量退職期」

　　消防職員が大量に退職する時期

「人材育成方策」

　　職員を育てるための方策

「組織力（マンパワー）」

　　組織としての力をいう。組織は職員一人ひとりからなる構成体である。職員一人ひとりの力を十分に発揮させることが、組織全体の力を発揮することを意味する。

■　小論文作成のポイント

- ✣ 一度に多数の職員が退職することによる組織への影響
- ✣ 市民サービスを低下させないための方策
- ✣ 教育訓練対策
- ✣ 初級幹部の指導力の向上
- ✣ 職場教育（OJT教育）の充実
- ✣ IT教育の充実

文例研究

テーマ

職員の大量退職期の到来に備えて、人材育成方策と組織力（マンパワー）を維持する方策について述べよ。（司令）

解答例

　高度経済成長期に大量増員を行った職場では、数年後には大量の職員が職場を去ることになる。このため、多数の新規採用者が補充されることになる。

　経験豊富な職員が大量に職場を去ることは、組織の円滑な活動に支障をきたし、行政サービスの低下を招きかねない。私は、対策として次のような体制方策を講じる必要があると考える。

①教育訓練体制の整備を図る
- 司令補、士長、副士長クラスの指導力を高める。
- 教育訓練の実施要領についてマニュアル化し、だれでも容易に教育訓練指導が行えるようにする。
- 新任消防士の教育訓練にウエイトを置くため、不急不要な仕事を整理・簡略化し、内部事務処理体制の見直しを図る。
- 初級幹部に教育訓練が容易に行えるように、責任と権限を委譲する。

- パソコン・OA器機などを活用した教育訓練を行い、教育効果を高める。
- 経験豊かなOBの活用を図る。
- 新規採用者の年間採用数を中・長期的視野で段階的に調整し、地ならしを図る。

②副士長、士長、司令補クラスの指導力を高める

　大量に採用された新任消防士を消防学校に入校させ、教育訓練を行うことは、事実上不可能なことである。このため、多くの新任消防士を直接職場に配置し、OJT（職場内教育訓練）を行う必要がある。これらの指導にあたる士長、司令補などの指導力を高めなければならない。

　新任消防士に対する基礎的な教育訓練は、通常、消防学校で行うが、大量増員に伴い新規に採用された消防士が分散して職場に配置されると、個々の職場では、消防学校に代って基礎的教育訓練を行うことになる。消防学校で行う初任教育訓練と所属で行う教育訓練の内容について、機能分担を図る必要がある。実務に関する接遇、実務教育訓練、安全管理などについて、基礎的な教育が行えるよう監督者などの指導力を高めることが必要である。

③規律、接遇、教育訓練、安全管理などのマニュアルを整備

　各所属で行う新任消防士に対する基礎的な教育訓練は、指導者によって教育訓練指導の内容が異なることのないようにマニュアル化し、指導に必要な教育資機材の整備、統一を図る必要がある。

④権限の委譲、事務処理体制の見直しを図り、指導体制を強化する

　教育訓練が円滑に行えるようにするため、副士長、士長、司令補に組織上の権限を委譲する。また、不要、不急の事務を見直し、副士長、士長、司令補、司令の責任を明確化する。

⑤ＩＴ教育訓練の充実強化

　組織内部をインターネット化し、ＩＴによる教育訓練を積極的に進める。消防学校には、初任教育に必要な教材やマニュアルが豊富にある。このような情報やデータを積極的に個々の職場で活用できるようにする。

　所属では、指導体制に必要なマニュアルやパソコンを活用したデータベースの構築が必要である。問題は、実施した基礎的訓練を個々の新任消防士がどれだけ習得できたかを把握する必要がある。

　教育訓練は、ただ行えばよいというものではない。結果重視の教育が必要と考える。消防学校での初任教育は、寄宿舎生活を通じて一元的な教育訓練の下に、能力評価システムを取り入れているが、各所属では限られた範囲の教育訓練しか行えない。このため、各所属で行う初任教育は、個々の所属の指導体制やマニュアルなどが不十分なために、所属相互の教育レベルに格差が生じないように努める必要がある。

　各所属で行う教育訓練は、格差が生じないように、組織を通じて各所属の初任教育訓練の実施状況について巡回・指導し、指導者層に対する指導や教育訓練の成果に着目した体制づくりが必要と考える。

　以上、五つの事項について私の考えを述べたが、この他、市民サービスの低下を招くことのないように、接遇教育や事務処理に必要な基本的な知識や訓練が必要である。このため、ＯＢを臨時に活用することも一つの方策として考えられる。

　団塊の世代といわれる大量増員を繰り返すことは、将来的に円滑な組織の運営管理に支障をきたすので、中・長期的な視野に立って、定数管理の地ならしを進めることも必要である。

注）県によっては、警察官について大量退職期の数年前から、定数条例の例外措置として、財務当局と調整の上、定数を上回る採用を行い、教育訓練を行うことを認めてい

るところもあると聞く。
　消防機関についても、治安・安全は国民生活の根幹を成すものであるから、同様の措置を講じられるように努める必要がある。

第9章　人間像・管理者像

第9章　人間像・管理者像

例題11（小論文）

経済の回復の兆しが見えないなかで、国、地方を問わず公務員に対する国民の目は厳しいものがある。このような中で21世紀に向けての消防の管理者像について論ぜよ。　　　（司令）

■　出題のねらい

　この問題は、21世紀（2001年）になる前に出された小論文のテーマである。長期にわたる景気低迷が続くなかで、企業はリストラを進め、行政もまた構造改革や行財政改革等を通じて、公務効率の向上を図ることが強く求められている。

　管理者という立場から現状を認識し、21世紀という時代を展望しながら消防の管理者としてのあるべき姿や考え方を問うている。

■　用語についての基礎知識

「21世紀に向けて」

　いきなり「21世紀」という言葉が出てくると、おそらく受験者は、「何じゃ、これは」と戸惑いを感じるのではないだろうか。

　めざましく変革する現代社会にあって、1世紀という百年間を見通し予測することは到底不可能なことである。世の中の変化を考えれば、将来の予想はせいぜい五年から十年程度だと思われる。

　したがって「21世紀」という言葉にとらわれ過ぎて、惑わされないことである。「21世紀」という用語を用いたのは、この問題の作成された時期が、たまたま21世紀を迎える時期にあったからで、特別深い意味があるとは思えない。精々「これからの時代においては～」といった程度で理解すればよいのではなかろうか。

　問題を作成する出題者自身にしても21世紀という百年間を見通すことは不可能なことだと思うからである。この問題は、今後の小論文テーマに

「21世紀」といった表現ではなく、「これからの時代において〜」、「〜についての現状認識と将来の在り方について」といった表現で出題されることが予想される。

「消防の管理者像」とは

改めて「管理者像」といわれると難しく感じるが、何も難しく考える必要はない。ここでは、「将来を展望し、消防の管理者としてのあるべき姿」を意味するものと思われる。

■ 小論文作成のポイント

- 日本社会の景気低迷の長期化、公的部門や民間企業の構造改革、リストラの推進等
- 行政責任の不在、行政の信頼性の失墜、公務員としてのモラルの低下等
- 原子力施設や危険物施設等の特殊災害事故の増加、犯罪やテロ事件の増加
- 治安の悪化（放火・犯罪の増加）
- 少子・高齢化社会の進展
- 建物・施設の巨大化、複雑化、深層化
- 電子化社会の進展
- 国際化への進展
- 21世紀に向けての人間像
    * 強い倫理観を持つ。
    * 主体性、専門性を持つ。
    * リスクセンスを持つ。
    * 災害の危機管理、危険管理に強くなる。
    * 公務能率、コスト意識を持つ。
    * 情報管理、情報処理に強くなる。
    * 仕事の計画、人生のマスタープランを持つ。

第9章 人間像・管理者像

* 魅力ある人間性を身に付ける。
* 広い視野を持ち、野心家であること。
* 国際性を持つ。

(拙著『消防のリーダーシップ・部下指導』p.112、東京法令出版)

文例研究

テーマ

経済の回復の兆しが見えないなかで、国、地方を問わず公務員に対する国民の目は厳しいものがある。このような中で21世紀に向けての消防の管理者像について論ぜよ。(司令)

解答例

規制緩和、官による経営から民営化への推進、行政の構造改革・簡素化、公務能率の向上、地方分権化の推進、行政の広域化等、消防行政を取り巻く客観情勢も大きく変化していくことが予想される。

このため、消防行政もまた従来にも増して厳しさが増すものと考える。21世紀の時代に生きる消防人は、いかにあるべきかについて所見を述べたい。

①強い倫理観・使命感をもつリーダー

公務員の不祥事が続発し、国民の行政に対する信頼性が低下した。行政責任、法令遵守、モラルの在り方が強く問われる時代になった。管理者として、行政に対する強い使命感を持ち、倫理観、法令遵守の重要性を一層、認識しなければならないと思う。

②強いリーダーシップ・主体性・専門性を持つリーダー

災害が多様化し、リスクが増大する時代にあって、強いリーダーシップを発揮して、目標管理の下に効率的な業務を推進し、部下を統率し

て士気を高め、組織としての成果を上げなければならない。親方日の丸意識を捨て、自己責任の下に主体性を持って意思決定することが求められる。一人ひとりが何ができるかが問われる時代にあっては、専門性を持って仕事を推進する能力が求められる。

③リスクセンス・危険管理能力に強いリーダー
　対外的な行政、内部管理、家族や自己管理を通じて社会のリスクが増大している。今まで何事もなかったから、これからも安全であるといった過去の経験や慣習にとらわれないで、リスクの所在を積極的に把握し、対処する能力が求められる。テロ事件、放火、大地震、原子力施設災害などに対する危機管理や日常の業務に対するリスクマネジメントの考え方が一層、重要になっている。これからの社会は、今までのような安全社会が期待できないだけに、危機管理・リスクマネジメント能力を身に付けることが必要である。

④経営的な能力を持つリーダー
　21世紀は、行政の効率化や経営化が一層、強く求められる時代になることが予想される。業務は常に創意工夫し、より少ない経費（コスト）で最大の行政効果（パフォーマンス）が発揮できる経営感覚を身に付ける必要がある。

⑤情報管理・情報処理に強いリーダー
　電子社会が一層、進展することが予想される。市民の消防行政に対するニーズや情報提供の在り方、地域社会の災害リスク把握、災害リスクのハザードマップ、予防事務、職員の教育訓練などにＩＴ技術を積極的に導入する必要がある。このため、情報処理能力を高める必要がある。

⑥広い視野、魅力あるリーダー

高所大所に立って、広い視野から物事を判断する必要がある。組織内部の情報や物事を見て、大過なく仕事をするだけでは組織の発展は望めない。失敗に臆することなく、ときには大胆な発想と英知をもって実践することが肝要である。

　仕事一途だけでは、仕事の成果は期待できない。仕事への情熱とあわせて人間としての教養を高め、生き甲斐感を持ち、心豊かな魅力のある人間性を身に付ける必要がある。正しい判断、迅速な意思決定の要件は、知性を高め、道徳観を持ち、気力・体力を養うことにある。

⑦国際的視野を持ったリーダー
　グローバル化が進む中で、消防行政もまた国際社会との協力関係が増すことが予想される。災害による損害の軽減、災害予防、危機管理の在り方など国際社会の消防事情を理解するとともに、発展途上国に対し防災安全に資する情報や技術を提供し、積極的に支援することが必要と思われる。

21世紀を迎え、消防人としてのあるべき姿について私の考えを述べたが、自ら省みて努力すべき点が少なくない。これからも日々新たなる気持ちで自己啓発に努めたいと思う。

> **小論文**
> **例題12**
> 　期待される管理者像について述べよ。　　　　　（司令長）

■出題のねらい

　現代社会は、管理者にとって多難な時代であるといわれている。市民の行政に対する目も厳しさを増している。行政サービスや行政コストの在り方、行政責任、説明責任など説得力のある行政が求められている。加えて、内部告発等や組織管理の複雑化につれて、多くのリスクが生じてくる。このような現状にあって、組織にとって期待される管理者像について問うている。

■　用語についての基礎知識

「期待される」とは

　　期待されるとは、「あてにされる」、「心待ちに待つこと」などを意味する。

「管理者像」とは

　　管理者像とは、「管理者として理想とすべき人、在り方」をいう。組織にとって必要とされ、期待される管理者をいう。

■　小論文の作成のポイント

- ✢　行政の責任性が厳しく問われる時代にある。
- ✢　管理者として、道義的で責任感の強い管理者が求められる（汚職の防止、公務員倫理の徹底）。
- ✢　マネジメントに強い管理者を目指す（危機管理、行政のリストラ策、科学的な業務管理、効率的業務の推進、情報管理に強い管理者）。
- ✢　強いリーダーシップを発揮し、創造性、洞察力、部下指導、建設的意見、専門性を持つことの重要性

第9章　人間像・管理者像

- ✤ 市民から信頼される行政
- ✤ 自己啓発力の重要性（国際感覚、人間性、人格識見、部下への啓発力）

文例研究

テーマ
期待される管理者像について述べよ。（司令長）

解答例

　行政に対するリスク管理や行政の経営的管理が強く求められている現状にあって、私は、組織にとって期待される管理者像とは、次のような人格、識見を持った管理者を意味するものと考える。

①行政責任、説明責任に強い管理者
　一部の心無い公務員の行為とはいえ、汚職などの犯罪によって行政への信頼が失われていることは残念なことである。犯罪などの不祥事だけではなく、行政の非能率、行政の無責任、倫理観の欠如によって市民の不信感が増している。
　このため、管理者には、従来にも増して強い遵法精神と倫理観が求められる。また、自己責任の時代にあって、管理者、職員一人ひとりの責任の所在を明確にすることが必要とされる。責任ある行政を行うには、自ら責任感を持って結果重視の仕事を行い、説明責任が十分に果たせる管理者でなければならないと思う。

②マネジメントに強い管理者を目指す
　民間企業では、組織改革、人員整理、永年雇用制度の廃止、能力給への転換、外部委託、コスト削減、企業の統・廃合など、厳しいリストラが続いている。

この点、公務員は、民間企業とは目的も異なるので、単純に比較することはできないが、公務能率を高め、コスト意識を持って業務管理を行う必要がある。慣習だけにとらわれることなく従来の行政の在り方について、意識改革を行う必要がある。
　これからの管理者は、マネジメントに強い管理者でなければならない。マネジメントとは、無駄を省き、より少ないコストで最大の行政効果を上げることにある。公務能率の向上に努め、説得力のある行政サービスを行うことにある。このため、行政の専門性を高め、目標管理の下に計画的に仕事を推進し、指導力のある管理者でなければならない。

③強いリーダーシップと指導力の発揮
　これからの管理者は、時代の変化に即応する強いリーダーシップを発揮することのできる管理者でなければならない。あるがままの状態を維持し、部下に言われるままに仕事をする管理者であってはならない。創造性、洞察力、指導力、建設的意見、専門性を持った主体性のある管理者でなければならない。

④市民に開かれた行政、成果主義を重視する行政管理
　これからの消防行政は、内部指向型の行政に陥ることなく市民や企業、地域社会に対し、開かれた行政でなければならないと考える。
　消防職員は、地域社会の災害リスクコミュニケーター（災害リスク情報の伝達、指導など）として、災害リスクの実態を積極的に市民に知らしめる役割と責任がある。市民に消防への協力を呼びかけるだけでは意味がない。大地震対策にしても、市民が自らの責任で行うべきことの重要性について、明確に市民に知らしめる必要がある。行政のできる範囲と市民が自ら行うべき範囲を明確にして、互いに機能分担を図ることも重要なことだと考える。

第9章　人間像・管理者像

⑤危機管理、情報管理に強い管理者（組織、行政活動、市民の苦情など）

　消防の行政は、災害に対する危機管理行政であると考える。火災予防、災害活動、日常の管理業務を行う上で多くのリスクがある。このため管理者は、リスクを的確に把握し、分析して、適切に処理する管理能力が求められる。リスク感性を磨き、危機管理やリスクマネジメントの基本的な考え方を身に付けて、実践していくことが必要と思われる。

　また、企業に対して経営に災害危機管理の考え方を取り入れるように、消防が積極的に啓発していくことも、これからの時代において重要なことだと思う。

⑥自己啓発力を高める

　管理者は、常に大所高所に立って物事を的確に判断しなければならない。上司・同僚・部下との円滑な人間関係に努め、部下に対する指導力を高めるとともに、対外的には強い折衝力を持つことが必要である。国際化が進む中で、海外の消防事情や動向にも関心を持たなければならないと思う。

　自ら能力開発に努め知識を広げ、道徳観を持ち、体力を練成し、人格識見の向上に努めるための自己啓発が必要である。

　自己啓発は、管理者としての問題だけではない。部下に対しても啓発力を持った管理者でなければならない。日々の生活態度、仕事の仕方、人間性、行動力など部下からみて魅力のある存在でなければならない。消防は、人的パワーによって組織目的を達成する職場であるだけに、仕事と責任の所在を明確にするとともに、人間関係の円滑化に最大の関心と注意を払い、士気を高めることが必要である。

　私は、これからも日々新たなる気持ちで、より有能な管理者、魅力のある人間性を身に付けるために、努力、精進に努めたいと思う。

第10章　行政の簡素化・能率化・改善策・リストラ

第10章　行政の簡素化・能率化・改善策・リストラ

　バブル経済が崩壊し景気の低迷が続くなかで、国や地方公共団体の財政は、深刻な状況下にある。このため、行財政や構造改革を進めるうえで、行政の領域にもリストラの考え方が押し寄せている。

　リストラの問題は、民間企業だけの問題ではない。最近の小論文試験においても消防司令補・消防司令・消防司令長の小論文にリストラの問題が出題されている。

　企業でいうリストラは、公務員社会でいうリストラとは必ずしも手法において一致するものではない。行政上のリストラとは、行政の簡素化、公務効率、業務改善などを意味する。このような問題について研究しておくことが必要だと思う。

　今後も姿や形を変えたリストラの問題が出題されることが予想される。平素から新聞、雑誌などを通じて、民間のリストラの実態に関心を持つとともに、現状の仕事や組織の在り方について比較検討し、問題意識を高めておくことが必要である。

小論文 例題13
　消防行政のリストラについて述べよ。　　　　　　　　（司令）

■　出題のねらい

　民間企業では厳しいリストラの嵐が吹き荒れている。公務員は、身分が保障されているので、とかく厳しさがないと他から言われやすい。企業は営利を目的に活動をしており、行政は、法令に基づいて公共の福祉の増進を図ることを目的としている。一口にリストラといっても、同一条件で比較することは難しいが、行財政が逼迫している現状にあっては、行政もまた、より少ないコストで最大の行政サービスを提供し、より経営的な観点に立って行政管理を行うことが国民的要請となっている。

　出題者は、消防行政のリストラについて、消防司令という立場から受験者の考えを問うているものと思われる。

■　用語についての基礎知識

「リストラ」とは

　リストラは、リストラクチャリング（restructuring）に由来し、「事業の再構築、再編成」を意味する。会社を作り変えること、不採算部門の整理、事業の統合などを意味する。

　リストラという用語が、日本語化するようになったのは、バブル経済が崩壊した後のことである。

　企業でいうリストラは、企業の統合、合併、人員の整理、正社員の比率を少なくしパートの比率を高める。不採算部門の閉鎖、外注化、永年雇用制度の見直し、能力給の導入、ボーナスの廃止、年俸制の導入、人事配置数や組織の統廃合、配置転換、情報処理の高度化による人件費、事務管理コストの削減などにより、経営の効率化を目指すことをいう。

消防でいう「リストラ」とは、

　能率的な組織・情報管理機能の再構築、装備、施設等のコストの見直し、コスト削減、予算の効率的執行、職員の能力開発、省力化、市民サービスの向上、行政の経営的な管理等を意味するものと思われる。

　消防の責務は火災等の災害を予防し、災害の発生による損害の軽減に努めることにあるが、より少ない行政コストで最大の効果（災害の予防・損害の軽減、行政サービスの向上）を上げることが、消防行政のリストラであると思われる。

■　小論文作成のポイント

✧　消防司令の立場に立って、消防のリストラの考え方を述べる。

✧　消防のリストラと企業のリストラとの違い

✧　消防のリストラとは何か。

第10章　行政の簡素化・能率化・改善策・リストラ

文例研究

テーマ

消防行政のリストラについて述べよ。（司令）

解答例

　　景気が低迷する中で、企業では厳しいリストラが続いている。公務員は身分が保障されているので、企業の厳しさを感じることが少ない。しかし、企業で働く人々の現状を考えると、行政も従来の慣習の中で、ただ漫然と仕事をするのではなく、民間のリストラに代わるべき行政のリストラについて、真剣に考える必要がある。

　　私は、消防行政のリストラは、

　①　コスト意識を持ち無駄を省く。
　②　組織・人事体制の見直しを図る。
　③　市民サービスの向上に努める。
　④　能力開発や自己啓発を進める。
　⑤　情報処理の効率化・IT化の推進

などが、重要と考える。以下、所見を述べたい。

①コスト意識を持ち無駄を省く

　　一般の行政事務は、道路、上下水道、公共施設等の事業建設、融資、補助、保険、税務、行政サービスなど予算を背景とした業務を執行している。この点、消防の業務は、災害活動、訓練や予防事務などが仕事の中心を占めている。このため、一般にコスト意識が低いと思われる。消防車両、装備のコスト、ホース１本の値段、署員の給料、光熱水費、残業などの消防署の年間の管理運営費に要する経費について問われても、経理担当者以外は明確に答えることのできる幹部は少ない。

　　しかし、消防業務の運営管理にあたる幹部は、コストについて関心

を持つことが重要である。無駄や非能率な要因を把握し、より適正なマネジメントを行うには、どうしてもコスト意識が重要である。積算単価のチェック、見直し、予算の編成や支出の在り方、金銭出納管理などについて、しっかりとチェック機能が働くように、知識や能力を高め、より少ないコストで最大の行政効果を上げる努力が必要と考える。

②組織・人事体制の見直し、行政の能率化を進める

　より行政効率の高い組織体制の在り方を目指して、消防署所の職員定数や車両の配置定数などの算定基準の在り方を検討し、必要に応じて見直しを行うことが必要と思われる。管轄内の行政需要や都市構造の変化に対し、適正な人員や機動力が配備されているか、消防署所の配置は適正か、無駄・無理・非合理的な点がないかについて整合性を図る必要がある。また、事務分掌や部下への権限の委譲、責任体制の明確化、意思決定の迅速化を図るためのシステムの在り方を検討し、行政サービスの向上に努める必要がある。

③市民サービスの向上

　受付事務や審査に要する日数など、従来から慣習的に行われてきた事務処理の在り方について、市民（企業）の立場に立って、迅速で能率的な事務処理を行うように努める必要がある。火災や救急など、災害活動、防災情報の提供、市民の消防に対する意見・苦情に対する迅速な対応、説明責任が十分に果たせる体制が必要である。

　「火災がなければ消防は暇ではないか、税金を無駄遣いしているのではないか、」と言われないためには、消防は、日夜どのように努力をしているかについて、積極的に自らの活動や情報を市民に提供する努力が必要である。

　地域社会の人々との防災のコミュニケーションを図るには、市民に対し「消防に協力をしてほしい」とお願いし、協力を求めるだけでは

意味がない。市民が自ら守るべき義務や責任について明確にした上で、市民と行政との相互協力がなければならない。

　市民に対し、災害危機管理・リスクマネジメントの重要性を啓発することは、市民と消防との絆を高め、効率ある行政を行う上で重要なリストラと考える。

④能力開発、自己啓発の推進
　管理・監督者のマネジメント能力を向上させることは、重要なリストラの一つだと思う。マネジメントは、組織・計画・命令・統制・調整することをいうが、具体的には、人・物・金・情報をいかに行政目的のために効率的な運営を図るかにある。
　幹部・職員の能力開発を進め、知識や技能の向上を図り、プロとして専門性を高め、あわせて資格取得、職場教育、自己啓発を促すことは、組織としての力を高め行政サービスの向上に結び付くものと考える。

⑤情報処理の効率化、ＩＴ化の推進
　情報化社会が進む中で、地域社会の防災関係機関との情報システムの構築、災害活動に必要な高度な情報処理システム、災害のハザードマップの情報化、市民への情報公開の促進、災害リスク情報の提供、防災教育など、対外的な情報システムと内部組織における情報処理システムの高度化を図り、行政事務の受付や審査体制を通じて意思決定の迅速化を図る必要がある。情報処理技術に強い職員を育成し、消防のＩＴ化の促進を図り、能率的な事務処理体制の構築を図ることが重要と思われる。

以上が消防のリストラに対する私の考え方である。結論としていえることは、公務能率の向上であり、税金の無駄遣いと言われないために、コスト意識を持ち、無駄のない、質の高い行政サービスを提供するこ

> とが、市民に信頼される唯一のリストラと考える。

例題14 （小論文）
> 消防におけるリストラについて述べよ。　　　　（司令補）

■　出題のねらい

　リストラに対する小論文試験は、司令長や司令など管理的な仕事をするポストにとどまらず、司令補昇任試験にも出題されている。
　出題者は、民間企業の厳しいリストラが続く中で、公務員だけが親方日の丸で、緊張感もなく安閑とはしてはいられないといった危機意識に基づくものと思われる。民間のリストラと対比し、消防のリストラとは何かについて初級幹部である司令補のポストに着目し、受験者の考えを問うている。

■　用語についての基礎知識

「消防における…」とは

　これは消防全体を対象にしているが、ここでは司令補の小論文試験として出されているので、監督者としての司令補の立場から所見を述べればよいと考える。

■　小論文作成のポイント

　司令補という立場からリストラを考え実践するには、管理職（司令長）、準管理職（司令）と比較して職務上の権限や事務分掌の範囲が異なるので、解答の内容も司令補という立場に限定して述べる必要がある。
　次に、重要と思われるポイントについて挙げてみる。

- ✢　消防のリストラとは
- ✢　消防のリストラについて司令補の立場で考える。
- ✢　監督者としての立場からリストラをどのようにして取り組むか。

第10章　行政の簡素化・能率化・改善策・リストラ

✣　消防行政に対する市民の信頼性を高めるには
✣　業務管理とリストラの在り方
✣　監督者、部下の能力開発、自己啓発

文例研究

テーマ
消防におけるリストラについて述べよ。（司令補）

解答例

　　消防でいうリストラは、企業でいうリストラと同一に考えることは難しい。消防は、公共の福祉の増進を目的としているのに対し、企業は営利を目的としているからである。しかし、共通する要素は、組織を通じて無駄を省き、効率的な運営管理を目指すことにある。
　　私は、
　　①　コスト意識を持って無駄を無くす。
　　②　公務能率を一層推進する。
　　③　職員の能力開発を進める。
ことが消防のリストラであると考える。私はこの三点について所論を述べたい。

①コスト意識を持つ
　　一般の行政は、仕事の性格上、予算の執行に伴う仕事が多い。例えば、道路や施設の整備、健康保険、税務、融資、教育、福祉事務などの業務は、予算を背景に仕事をしている。このため、金銭管理やコスト意識が高い。
　　この点、消防では、災害活動、訓練、防災、予防業務などの仕事を中心に行われるので、人件費、光熱水費、車両、装備費、事務用品、消防署や出張所の年間の維持管理に必要な管理的経費について深く関

心を持つことが少ない。経理のことは経理担当者に任せておけばよいといった考えが支配的である。このため、コスト意識が一般に低い。

　消防業務は、行政の性格上、費用対効果で推し量ることは難しい。しかし、コスト意識の下に、無駄を省き経費の節減に努めることは、消防の重要なリストラの一つだといえる。

　消防予算に占める人件費の割合は、消防予算全体の約80％を占めているだけに、人の能力開発、適材適所主義、コスト意識を持って、効率的な運用を図ることが極めて重要と思われる。

②公務能率の推進

　「言われたことをやればよい」、「当たり前のことを当たり前にやればよい」といわれた時代は過ぎた。企業の厳しいリストラの現状を考えると消防行政の在り方についても、自ら厳しさを持ち、業務の推進に努めなければならない。

　従来の慣習や手法を踏襲したり、上司から指示されるがままに仕事をするようでは、監督者としての責務を果たしたことにはならない。当たり前のことを当たり前に行うのではない。各種の事務処理や教育訓練の在り方、装備等の調達、市民サービスの在り方などについて、より能率的でより安いコストで調達し、無駄を省き、効率的な手法を考え、創意工夫することが必要である。

③能力開発を行い、行政サービスの向上に努める

　職員一人ひとりの能力を開発し業務能率の向上を図ることも、重要なリストラの一つであると思われる。監督者は部下に対し、リストラの重要性について理解させ、問題意識を持って業務改善に努めることが重要である。

　組織内部では、行政サービスの重要性が強調される。しかし、市民の立場から判断しないと、とかく行政主導型の判断で処理されやすい。このため、窓口業務や審査手続きの在り方、災害活動に伴うクレーム

など市民や企業の立場に立って検証し、見直すことが必要である。
「お役所仕事だと言われたり、役所のご都合主義で物事を決めている」
と言われないようにするには、市民の立場に立って仕事の在り方を見
直し、改善を図る必要がある。市民のために何をなすべきかを考え実
践することが、消防のリストラだと思う。

　私は、司令補の立場から以上の三つの点について消防のリストラに
ついて説明したが、これからもリストラのあるべき姿を考え、日常の
仕事を通じて創意工夫し、説得力のある仕事をしたいと思う。

小論文 例題15

消防を取り巻く情勢を概括し、消防行政の簡素で効率的な行政
運営と消防の理解者を増やすための方策について、管理職とし
ての所論を述べよ。　　　　　　　　　　　　　　　（司令長）

■　出題のねらい

バブル経済が崩壊して十数年が過ぎた。明るい兆しが見えはじめたとはい
え、依然、景気は低迷し、行財政事情は厳しい現状にある。規制緩和や行財
政の構造改革が進む中で、消防の管理者は現状をどのように認識しているか、
簡素で効率的な行政運営に努めるにはどうすればよいか、消防の理解者を増
やすにはどのような考え方が必要か、について、受験者の考えを問うている。

■　用語についての基礎知識

「消防を取り巻く情勢を概括する」とは

消防を取り巻く客観情勢を概観することを意味する。行政の広域化、地
方分権化、行政の構造改革、行財政事情の悪化、犯罪等の治安の悪化、テ
ロや原子力施設災害の増加、救急業務の増大、消防行政需要の多様化、少

子・高齢化社会や国際化への進展などは、いずれも消防を取り巻く客観情勢を意味する。

「簡素で効率的な行政運営」とは

簡素とは、無駄のない簡単なことを意味する。効率とは、仕事の能率や一定時間内にできる仕事の割合、仕事のはかどり方を意味する。

例えば、複雑な事務手続き、審査や許可に要する時間と手間を省き、簡潔で、迅速確実で少ないコストで、成果の上がる行政の在り方を意味する。

「消防の理解者を増やすための方策」とは

一般に、消防の理解者といえば、防災関係機関、消防関係の議員、消防団、市民防災組織などが、よき理解者と考えやすい。確かにそのとおりだと思うが、本題の「消防の理解者を増やすための方策」に着目すると、むしろ、平素、消防との馴染みの薄い、市民、事業所、外国人などを対象にした新たな消防の理解者を掘り起こすことを意味しているものと思われる。

「所論」とは

ここでいう「所論」とは、出題のテーマについての「意見」をいう。

■ 小論文作成のポイント

- 行政を取り巻く客観情勢について
- 厳しい行財政改革の下で、増大する消防行政需要にどう対処するか。
- 簡素で効率的な消防行政とは、具体的にどういうことをいうのか。
- 消防の良き理解を増やすことの重要性と手法について
- これからの消防行政の在り方について

第10章　行政の簡素化・能率化・改善策・リストラ

文例研究

テーマ

消防を取り巻く客観情勢を概括し、消防行政の簡素で効率的な行政運営と消防の理解者を増やすための方策について管理職としての所論を述べよ。（司令長）

解答例

　　企業の厳しいリストラや行財政改革が進む中で、消防を取り巻く客観情勢は一層厳しさを増している。
　　① 消防を取り巻く客観情勢
　　② 簡素で効率的な行政運営
　　③ 消防の理解者を増やすための方策
の三点について、所見を述べたい。

①消防を取り巻く客観情勢

　バブル経済の崩壊後、社会経済が低迷するなかで、テロや凶悪犯罪が増加し、社会の治安は日増しに悪化している。社会全体のモラルが著しく低下し、企業倒産が相次ぎ、公務員の汚職など行政への信頼性が低下している。

　阪神淡路大震災、サリン事件、東海村の臨界事故などでは、危機管理対策の脆弱さを露呈した。新宿歌舞伎町の大量焼死者の発生は、中小ビルの防火管理の在り方や経営管理者の責任が厳しく問われた。また、救急事故の増大に伴い、救命措置技術の高度化、市町村消防の広域化など、消防を取り巻く客観情勢は大きく変化している。

　行政需要が多様化・専門化が進むなかで、厳しい財政事情の下では、消防職員の増員も容易に認められない現状にある。このため、管理者は、時代の変化に対応した簡素で効率的な行政の在り方について、真

剣に考えなければならない現状にある。
　市民の行政に対する信頼性を一層高めるには、市民のニーズに目ざとく反応し、即応する体制と行政の効率化を図る必要がある。情報の公開、費用対効果、行政責任の明確化、説明責任など、について先取りする基本的な姿勢が求められている。

②簡素で効率的な行政運営の重要性
　消防の行政目的を達成するには、職員、消防庁舎、施設、車両などの装備、情報システム化など、が必要である。このため、予算に基づく人件費や事業、行政サービスが無駄のない効率的な運用がなされているか検証してみる必要がある。
　組織は、大きくなればなる程、意思決定や手続きが複雑化し運営管理を行う上で非能率となりやすい。このため、単純で簡素な意思決定機能を持つとともに、少ないコストで大きな成果を上げるために、経営的な管理（マネジメント）の考えを積極的に取り入れる必要がある。
　手続きの簡素化、外部委託、人や施設の効率的な管理、情報処理技術の高度化を図り、事務処理の見直し、効率的な組織の再編や権限の委譲などが必要となる。
　簡素で効率的な行政とは、
　　①　行政の責任性
　　②　専門性
　　③　迅速な意思決定と処理
　　④　コスト意識
　　⑤　業務の簡素化
　　⑥　職員のモラルの向上
　　⑦　危機管理に強い体制作り
が必要である。

③消防の理解者を増やす方策

「火事や救急事故さえなければ、消防とは関係がない」と考える市民や事業所が少なくない。このため、災害に対し無関心な市民や事業所に対し、災害に対するリスク管理の重要性について啓発し、災害リスク情報を積極的に広報し、情報の提供を行うことが重要と考える。

単なる「火の用心」の広報ではない。地域社会の人々に災害ハザードや災害リスクについて、積極的に知らしめる必要がある。住民や企業との災害リスク・コミュニケーションの輪を広げることが重要である。多くの知識や経験、訓練をつんだ消防職員は、災害リスクのコミュニケーターとして、地域の防災組織、NPOなどと積極的に連携していくことが、これからの社会にとって重要なことだと考える。

消防が市民から火事や救急でもないかぎり、関係のない役所だと思われるようでは、消防に関心を持たれることはない。良き理解者を得るには、行政は限られた情報をもとに、自ら判断して決めるのではなく、広く市民や事業所の意見やニーズを求め、行政に反映させる努力が必要である。

「消防の良き理解者を増やす」という意味は、単に消防の味方を増やすのではなく、地域社会の安全を高めることを究極の目的とした理解者を増やすことでなければならない。

消防が果たすべき責任と市民や企業が自ら果たすべき責任を明確にし、相互の理解と協力の下に地域社会の安全の向上を目指す必要がある。単なる消防に対する協力やお願いをするのではなく、市民や企業が、自ら果たすべき責任と義務を負うことを前提にした消防の理解者を増やすことが重要と考える。

ワンポイント・レッスン

行政管理・マネジメントに関する参考書の話

　試験が近くなると慌てて本を買い集める。あれこれと参考書を乱読してみても力はつかない。特に司令長、司令の小論文では、組織のなかで管理的な立場に立って仕事をするので、マネジメントや行政管理について勉強することが必要である。

　私は、消防士長の頃からマネジメントや行政管理に興味があったので、このような本に関心を持って読んできた。乱読するのではない。良い参考書を選び、繰り返して読むことだ。一冊の本を基本書に選び、徹底して通読すると効果が上がる。何度も読み返し、頭にたたき込み、考え方をマスターすることだ。本を読みながら実務との関係に結び付けて考えることが重要だ。そうすることによって自分の考えを持つことができるようになる。苦しいかもしれないが、苦しいと考えずに、努力することの楽しさを習慣づける必要がある。苦痛であっても習慣化することによって、いつしか楽しさに転換していくものである。

　「楽をしていい結果を得よう」とケチな考えを持つべきではない。行政管理に関する教科書は、いろいろ出版されているが、私が読んだ参考書の中では、今は故人となられた吉富重夫先生の『現代の行政管理』（勁草書房）が、内容のある良い本だと思う。

- ✛　官僚制とイノベーション
- ✛　行政管理の効率化と民主化
- ✛　行政能率の測定
- ✛　行政能率

など、行政における創造性や経営的な考え方、マネジメントの在り方について、読みやすく書かれている。特に、「行政能率の測定」では、消防のことについて触れているので興味がわく。初版は1974年と古いが、私は今でも読み返しながら参考にしている。

第10章　行政の簡素化・能率化・改善策・リストラ

> **小論文**
> **例題16**
> 担当職務の問題点と解決策（改善策）について述べよ。（副士長）

■　出題のねらい

　消防副士長に求める問題としては少々難しい気がするが、問題意識をどの程度持っているかについて判断するには、大変良い小論文である。消防副士長は監督権を与えられてはいないが、消防士を指導し、自ら職務を推進する立場にある。このため問題意識を持って仕事を進め、改善に努めなければならない。

　平素から担当する職務について、問題意識を持って仕事をする習慣がないと、このような問題に直面しても何が問題で、どのように改善したらよいか分からず、よい答案を書くことができない。

　出題者は、受験者は平素からどのような問題意識を持って、仕事の改善に努めているか、ズバリ問うている。

■　用語についての基礎知識

「担当職務」の問題点

　担当職務の問題点とは、仕事を円滑に行う上で改善すべき課題や障害となる事項をいう。例えば、コストがかかりすぎる、時間的ロスが多い、能率的でない、合理的でない、複雑でミスを起こしやすい、事故を起こしやすい、士気が低下するなど、改善や検討を要する事案をいう。

「解決策」

　問題点を発見しただけでは、問題を解決したことにはならない。問題点を把握し、どのようにしたら解決できるか、改善のための方策を考え、検討し、改善に結び付ける手法を見いだすことを解決策という。

■ 小論文作成のポイント
- 自ら担当する職務上の問題点について
- 職務上の問題点を説明し、改善（解決）に努力してきた結果について、具体例に記述する。
- これからの職務に対する抱負について述べる。

文例研究

テーマ
担当職務の問題点と解決策（改善策）について述べよ。（副士長）

解答例

　与えられた仕事をあるがままに処理するようでは、物事の改善には結び付かない。同じ仕事をするにしても、どうすればより効率的な仕事ができるのか、創意工夫をすることが担当者に課せられた責任であり、義務だと思う。

　私は、ポンプ自動車の機関員である。災害現場に出動するときは、交通事故を起こさないための交通安全、災害現場での水利部署、給水措置などの迅速な手順、積載装備の安全確認に最大の注意を払うようにしている。

　職務上のリスクについて総点検を行い、リスクを把握し、リスクがあれば事前に回避、予防に努めている。

①職務上の問題点と改善策

　災害現場や訓練で出場するときは、交通事故の多発地域、事故が起こりやすい道路、渋滞しやすい地域や場所について、警察機関から情報を入手し、交通事故のハザードマップを作成し職務に活用している。

　交通安全の標語を掲げることや観念的に安全に注意をするだけでは事故は防げない。管内のどの地域で、どのような事故が多く発生して

いるか、朝、昼、夜、深夜、休日の時間帯によって、交通量はどう変化し事故が起こるか、安全管理上の対策として、リスク（事故発生の可能性）に対して心掛けなければならない点について、自分なりに情報を網羅し活用している。同僚や指揮者、隊員にも知らしめている。

　交通のハザードマップを作成し、道路選定に活用することによって、以前に比べてヒヤリとするようなリスクを回避できるようになった。私は、機関員として交通事故防止を徹底するために、「転ばぬ先の杖」ではないが、積極的にリスクを把握し、リスクの回避、予防に努めている。

②目標管理の徹底

　機関員として効率的な仕事をするには、場当たり的に仕事をするのではなく、計画的に仕事をするようにしている。自らの目標管理の下に車両や装備の点検に心掛けている。与えられた業務を能率的に処理するにはどうすればよいか、時間を浪費することのないように、仕事の手順、一日の目標管理、一週間の目標管理、一か月の目標管理を定めて、実践するようにしている。

　目標管理は、自ら策定するが必ず上司の点検を受け、了解を得た上で実施している。目標管理を行う前と比較し、目標管理を行うようになってから、効率的でミスのない仕事ができるようになった。

　私は、与えられた職務を習慣的に行うのではなく、問題意識を持ってリスクを把握し、改善すべき点があれば積極的に上司に進言し、改善を図り、目標管理の下に信頼される仕事をするために努力したいと考えている。

第11章　自己啓発・能力の向上・問題意識

第11章　自己啓発・能力の向上・問題意識

> **小論文**
> **例題17**
> 厳しい財政事情のなか、職員一人ひとりの資質の向上が大きく叫ばれている。あなたの自己啓発の考え方について述べよ。
>
> （士長）

■　出題のねらい

　厳しい財政事情の下では、職員を増員することは難しい。このため、職員一人ひとりが、自己啓発を通じて能力の向上を図り、新たな行政需要に対処できるように努める必要がある。

　この論題は、受験者の自己啓発の考え方について問うている。単なる考え方や重要性を述べるだけでは説得力がない。考え方と併せて、日々、自己啓発について、どのように実践しているか、問うている。自らの実践している方法があれば、かなり説得力のあるよい答案が書けるものと思う。

■　用語についての基礎知識

「資質の向上」

　資質とは、「生まれつきの性質」といった意味がある。生まれつきの性質を変えたり、向上させることは難しい。本題では、「職員一人ひとりの資質の向上」とあるが、「資質」は「能力の向上」を意味しているものと思われる。

「自己啓発」

　自己啓発（self-development）とは、自己発展、自己開発、自己修養、自己訓練、自己改革を意味する。

　どのような方法で自己啓発するか、については、個人の自由な選択に任されている。しかし、職場でいう自己啓発は、職務に役立つための能力開発でなければならない。

職場における自己啓発の目的は、自己の専門的知識や技能を高め、能力（創造性、計画性、責任感、協調性、共感性、積極性、指導力など）を向上させ、「実力」を身に付けることにある。

■　小論文作成のポイント
　✤　厳しい財政事情と個々職員の資質の向上との関係
　✤　自己啓発の必要性
　✤　私の自己啓発の実践法
　✤　自己啓発に対する今後の抱負

文例研究

テーマ
厳しい財政事情のなか、職員一人ひとりの資質の向上が大きく叫ばれている。あなたの自己啓発の考え方について述べよ。（士長）

解答例
　行財政事情が逼迫するなかで、消防職員の増員は、きわめて厳しい現状にある。このため、職員一人ひとりが自己啓発に努め、能力の向上を図り、公務能率の向上に努める必要がある。そこで、
　　①　自己啓発に対する考え方
　　②　私の自己啓発
の二点について、私の所見を述べたい。

①自己啓発に対する考え方
　一般に自己啓発といえば、自らの能力を高めるために努力することを意味する。例えば、読書、パソコン、ペン習字、スポーツ、盆栽の趣味等、余暇を有効に活用し、習得して自らの能力を高めることをいう。

しかし、職場でいう自己啓発は、職務の成果を高め、組織の発展に役立つ自己啓発でなければならないと思う。言い換えれば、公務効率の向上に結び付く実力を身に付けることが必要である。例えば、読書を例に挙げれば、漫画、時代小説を読むことは、広い意味で読書には違いがないが、単なる娯楽やストレスの解消にしか過ぎない。したがって、同じ読書をするにしても仕事の成果に結び付く読書でなければならない。

　例えば、リーダーシップ、部下指導、目標管理、公務能率、人間関係等の本である。ここでは読書を例に挙げたが、職務に資する自己啓発には、公務能率に役立つ文書管理、パソコンによる情報管理、文書作成技術、職務に関係のある資格の取得、体力向上の自己管理などがある。職場の自己啓発には、個々の職員が自ら目標を立てて行うものと、仲間や部下が共通して欠けている問題を取り上げ、互いに研究しあい、切磋琢磨しながら能力の向上を目指す方法がある。いずれの場合も状況に応じて行うのが最も効果的であると考える。

　私は、次のような自己啓発を実践している。

②私の自己啓発
　仕事に役に立つ自己啓発には、いろいろなアプローチの仕方がある。
　私は、文章を作成することが苦手なので、文章作成能力を高めるための教本を読んでいる。毎日、日記をつけるようにしている。自ら文章作成能力を高めることができれば、起案文書や報告書の作成、予防の事務処理に大いに役立つからである。

　報告書など、公文書を作成すると、上司から誤字や脱字の手直しを受ける場合が多い。このため、正しい文書の書き方について、文書の作成要領など正確な文章が書けるように努力している。そうすることによって上司の手直しの手間を省き、少しでも早く文章を作成し、仕事の能率を高めることができると考えて実践している。

パソコンをうまく使いこなせないので、目下、職場の仲間数人とパソコンの研究グループを作り、情報を交換しながら研究している。情報処理、市民サービスなど、パソコンを使って情報処理をしたり、インターネットやＥメールを活用することによって、少しでも実務に役立たせたいと考えている。
　新任の消防士はパソコンが得意なので、一緒のグループに入ってもらい、指導を受けながら能力の向上に努めている。若い消防士とのコミュニケーションが密になり、お互いの人間関係や信頼感が一層増すようになった。自己啓発は、一人ひとりが能力向上を目指して努力するものだと考えていたが、互いに競い合い、切磋琢磨することも仕事の成果を高める上で重要である。

　職場の自己啓発は、職場の在職中だけに役立つだけではなく、生涯にわたって役に立つものと考える。例えば、日常、正しく文章を書き、効率的に処理をするために、パソコンを活用すれば、職場内で能力のある人間として評価され、周囲からも期待されるようになる。家庭生活や多くの人々との人間関係においても、引け目を感じることなく、むしろ自信をもって接することができる。そして人生をより豊かにしてくれる。

　私は、これからも日々新たなる気持ちをもって自己啓発に努め、自らの能力開発に努めたいと思う。

第11章　自己啓発・能力の向上・問題意識

（小論文）
例題18
組織力、向上のための「部下啓発」について述べよ。（司令補）

■　出題のねらい

　ここでいう「部下啓発」とは、部下に対し自己啓発の重要性を理解させ、自ら行わせるように促すことを意味する。

　部下啓発は、究極的には、消防の組織力をどう高めるかにある。このため、部下に対し、自己啓発の重要性を理解させ、実践させるには、具体的にどのような手法で啓発すればよいかについて問うている。

■　用語についての基礎知識

「組織力向上」とは

　組織は、同じ目的を共有する人々の集合体である。ここでいう「組織力向上」とは、組織の構成体である職員一人ひとりが、互いに強い絆を持って結束し、組織目的のために努力し、組織力を高めることを意味する。

「部下啓発」とは

　「部下啓発」という用語は、一般の辞書には見当たらない。啓発とは、「無知の人を教え導く」、「その目を開いて物事を明らかにする」ことを意味する。

　ここでいう「部下啓発」は、部下に自己啓発の重要性を認識させ、自発的に自己啓発を促すことを意味するものと思われる。職場でいう部下啓発であるから部下に対し、職務を通じて、組織全体の成果を高めるための自己啓発でなければならないと思う。

■　小論文作成のポイント

　✧　組織力の向上と部下啓発との関係

- 部下への動機付け
- 部下啓発を行うための具体的な手法
- 上司としての自己啓発

文例研究

テーマ
組織力向上のための「部下啓発」について述べよ。（士長）

解答例

　組織力を高めるには、組織を構成する消防職員一人ひとりの能力に負うところが大きい。このため、幹部はもちろんのこと、部下に対し自己啓発の重要性について認識させることが重要である。
　① 部下啓発の重要性
　② 部下の能力把握、動機付け、具体的手法
　③ リーダーの自己啓発
の三点について、所見を述べたい。

①部下啓発の重要性について
　消防の組織力を高めるには、消防署所の機動力の整備、教育を通じて職員の能力を高めるなど、いろいろな手法が考えられる。消防の組織は、人的パワーに負うところが大きいだけに能力開発は重要である。
　能力開発を行うには、消防学校教育や職場教育に依存しなければならない。しかし、これにも限度がある。消防職員一人ひとりに自己啓発の重要性を認識させ実践させることは、教育のための予算を必要としないし、また教育のための人員が割愛されることもないのでメリットは大きい。
　職場でいう自己啓発は、仕事の成果を高めるためのものでなければならないが、本人の自主性に期待していても問題の解決にはならない。

第11章　自己啓発・能力の向上・問題意識

このため、指導的立場にある者は、率先して部下に対し、自己啓発の重要性について啓発する必要がある。

問題はどのようにして、部下に動機付けを行い、自己啓発に結び付けるかにある。

②部下の能力把握、動機付け、具体的手法について

部下に対し自己啓発の重要性を強調するだけで、あとは部下任せでは効果は期待できない。部下の一人ひとりの能力が不足している点、部下に共通的に欠けている点について、どう助長すればよいか、正しく把握する必要がある。部下の能力を高めるには、個別的に助長すべきか、共通の要素として捉えるべきか判断し実践することが重要である。

部下啓発は、上から押し付けるだけでは、部下は容易に受け入れようとはしない。部下の意見を聞き、自ら欠けている点について認識させ、自己啓発の重要性を理解させる必要がある。

例えば、起案文の作成が不得意で、文章に誤字や脱字が多い、パソコンの操作ができない、電話の応対や接遇がよくない、といった問題点を把握させる。

部下に現状を認識させることが重要である。自己啓発は、ただ漫然と指示し叱咤激励するだけでは、部下はどう判断したらよいか戸惑うことになるので、具体的な動機付けが必要である。

上司が部下に期待する自己啓発の在り方と部下が自ら必要と考える自己啓発の在り方は、必ずしも一致するものではない。このため、互いにコンセンサスを図る必要がある。

部下が自己啓発の結果、仕事に貢献できるようになれば、大いに評価し、推奨して士気を鼓舞することが必要である。多少の失敗には寛容な態度で接し、必ずうまくいくことを確信させ、激励することが必要と考える。

③リーダーの自己啓発について
　部下啓発を進めるには、指導する立場にあるリーダー自身の在り方に目を向ける必要がある。自己啓発の重要性について、部下を指導してみても、啓発する側の上司が、自ら自己啓発を怠り、模範となるお手本を示さなければ、部下は上司の言葉を信頼しようとはしない。
　部下啓発は、上に立つリーダーが、率先して自己啓発に努め、模範を示すことが重要である。部下に対し啓発力のある上司になるには、これからも自己啓発に努めなければいけないと自ら言い聞かせている。

小論文 例題19

部下の市民に対する接遇態度・能力の向上方策について述べよ。　　　　　　　　　　　　　　　　　　　　　　（司令）

■　出題のねらい

　市民から信頼される消防行政を行うには、消防職員一人ひとりに、接遇や職務知識、人格が備わっていなければいけない。特に、消防士、副士長、士長、司令補は、日常の災害活動や受付事務、電話の応対、防災指導等、市民や企業の人々と接する機会が多い。このため、その上に立つ消防司令の役割は重要である。
　問題は、消防司令という管理・監督的立場から部下の接遇や職務知識等について、どのようにして部下の接遇や能力の向上に努めたらよいかについて問うている。

■　用語についての基礎知識

「部下の市民に対する接遇態度」とは

　市民に対する接遇態度とは、市民との接し方や応対など、言動・態度を

第11章 自己啓発・能力の向上・問題意識

いう。接遇には、礼儀作法、挨拶の仕方、応対や会話の仕方、敬語の使い方、電話の応対、上司への取次ぎ、物品の授受のマナーなどがある。

「接遇態度」という用語は、辞書には見当たらないが、ここでは、接遇と態度という意味で理解すればよいのではなかろうか。

「能力の向上方策」とは

能力の向上方策とは、能力を高めるための方法を意味する。能力とは「物事を成し遂げることのできる力」をいう。具体的には、消防の仕事を円滑に処理できる力を意味する。力（能力）のない職員には、どのような方法で力をつけさせたらよいか、その手法を意味する。

■ 小論文作成のポイント

- 接遇態度・能力向上の重要性
- 接遇態度、能力の把握
- 効果確認と指導
- 上司としての接遇態度、能力の向上

文例研究

テーマ

部下の市民に対する接遇態度・能力の向上方策について述べよ。
（司令）

解答例

消防は、市民と接する機会が多いだけに、接遇態度、職務知識・技能、品位の保持が重要である。これは、信頼される消防行政を行う上で基本的な要件だと思う。

① 接遇態度・能力の向上
② 効果確認と指導

③　上司として自己啓発

の三点について、所見を述べたい。

①接遇態度・能力の向上
　(1)　接遇態度
　　接遇態度とは、言葉遣い、態度、礼儀作法、清楚な服装、来客に対する案内、名刺の交換、上司への取次ぎ、執務態度、電話の応対などをいうが、これらについて、きめ細かなチェックを行い、不足している点があれば職場教育（OJT）を行う必要がある。
　　若い職員だけではない。経験が豊富な職員であっても、職務にマンネリ化することによって、横柄な態度や口のきき方をする職員もいる。このことは、日常、部下の言動や態度をきめ細かく観察すれば、容易に判断することができる。接遇態度は、個々の職員によって異なるので、評価表を作り評価し指導することも一つの方法であると思う。
　(2)　能力の向上
　　部下が行う起案文書、報告書、点検結果等、書類の作成能力、誤字脱字の状況、書類作成に要する時間、パソコンの操作能力など、部下の職務知識や事務処理能力について把握する必要がある。この結果、個々の職員の能力に応じた個別指導を行うか、共通して欠けていれば、共通の問題として取り上げ、徹底して教育訓練を行う必要がある。
　　部下の接遇態度、能力を高めるには、職場教育や消防学校教育に限定しないで、外来講師の話、模範となる役所、企業の職場教育を参考にしたり、企業等の現場を見学させるなど、あらゆる機会を捉えて部下を啓発する必要がある。

②効果確認と指導
　　自己啓発の目標を明確に示し、努力させることが必要である。しか

し、これだけでは十分とは言えない。職場教育や自己啓発を促した結果、改善された点、改善されていない点について明確に把握し、個別的に指導し自己啓発を促す必要がある。上から一方的に注意をしたり、指示するだけでは士気は揚がらない。部下一人ひとりに自覚を持たせ自己評価させ自立心を持たせることが重要と思われる。

③上司として自己啓発
　部下の接遇態度や能力の向上を図るには、管理・監督者自身に接遇態度や能力に優れていなければいけない。上司の接遇態度や能力に欠ける職場では、部下の士気は低下し、不満や鬱憤が市民や外部に向けて発散され易い。このため上司として模範となる人格識見が求められる。上司が率先して模範を示すことによって、部下は啓発され職場全体のレベルも向上するものと思われる。

以上、三つの点を中心に、私の考えを述べたが、これからも自己研鑽に励み、接遇態度、職務知識、人格識見等の一層の向上に努めたいと思う。

小論文
例題20

部下の自己啓発を助長するための具体的方策について述べよ。
（司令）

■　出題のねらい
　この出題は、「部下に対し自己啓発を助長するには、具体的に、どのような手法があるかについて解答を求めている。しかしながら、上司の自己啓発については触れていない。問われていないから触れなくてもよいのだろうか。筆者の意見は、部下に対する自己啓発だけに終始しないで、上司としての自

己啓発についても触れる必要があると思う。

　部下の自己啓発は、上司としての自己啓発と密接な関係にある。部下に自己啓発を促しても上司が自ら自己啓発を怠り、怠惰な生活をしていれば部下は、上司の言葉や指導に従おうとはしない。この点、「出題のねらい」をよく考えて解答する必要がある。

■　用語についての基礎知識

「自己啓発」について

　一般に、自己啓発は、自らの能力を開発することをいう。職務と関連付けて部下の自己啓発を助長することが解答の要件となるものと思われる。

「部下の自己啓発を助長する」について

　出題文は、「部下の自己啓発」であるが、自分の意のままに自己啓発をする場合と職務に関係する自己啓発がある。出題の文章は、この点では明確でないが、当然のことながら職務に資する自己啓発を意味していると理解しなければいけない。

　助長とは、部下の自己啓発に対し、力を貸して能力を高めることを意味する。自助努力をしない部下には、自己啓発を促し、指導する必要がある。

「方策」とは

　方策とは、物事を処理するための手立てをいう。「方策」も「方法」もほぼ同じ意味で使われることが多い。「手法」は、物事のやり方を意味する。方策、方法、手法は、それぞれ明確に区分することは難しい。表現方法の違いはあるが、ほぼ同等の意味で使われている。

■　小論文作成のポイント

- ✥　自己啓発の意味と目的
- ✥　部下の自己啓発を助長することの重要性
- ✥　部下の自己啓発の具体的方策

第11章　自己啓発・能力の向上・問題意識

✤　上司としての自己啓発と部下の自己啓発との関係

＊　「自己啓発」は、小論文のテーマとして取り上げられやすい。階級に関係なくよく出題されている。よい答案を書くには、平素から自己啓発を実践していることが必要である。部下に対する助長についても、説得力のある答案を書くことは難しい。

「部下啓発」の小論文は、消防司令、消防司令補などで出題されることが多い。このため、「自己啓発の在り方」や「部下啓発の在り方」について、平素から自分の考え方や実践の方法について整理しておくことが必要である。

文例研究

テーマ
部下の自己啓発を助長するための具体的方策について述べよ。(司令)

解答例
　　個々の職員に対し自己啓発の重要性を認識させて、能力の向上を図ることは、組織力を高め、信頼性のある行政サービスを行う上で重要である。

　　具体的な方策としては、
　　① 部下に対する動機づけ
　　② 自己啓発の具体的方策
　　③ 上司としての自己啓発の重要性
が重要と考え、以下に私の所見を述べたい。

①問題意識を持たせ、動機付けをする
　　行政需要が増大する中で、職員の増員が容易に認められない現状にあっては、個々の職員の能力をいかに高めるかは、極めて重要な課題

といえる。消防学校や職場教育では、職員教育を行うメリットは大きいが、集合教育にはおのずと限界がある。教育のために職員が割愛されたり、教育的経費も必要となる。この点、自己啓発は、個々の職員が自ら能力開発を行い、職務の成果に結び付けるのであるからメリットも大きいといえる。

　問題は、自己啓発の重要性について部下を啓発してみても、部下が自らその重要性を認識し、実践しなければ成果は期待できない。このため、いかにして動機付けを図るかが重要である。士気旺盛な部下であれば、自ら進んで自己啓発を行い能力の向上に努めるが、士気の低い部下集団であれば、なかなか容易ではない。ではどうすればよいか。

　自己啓発を行うことによって、日々の仕事の成果を高め、生き甲斐感や充実感を得ることができる。また、人生をより豊かにしてくれることを根気よく部下に指導する必要がある。

　士気の揚がらない部下には、問題意識を持たせることが重要である。自らの能力について何が問題か、自ら何をなすべきかが分からないと自己啓発の糸口を見いだすことは難しい。職場において何が問題か、仕事をする上で自分に欠けている点は何か、職場を通じて人生の生き甲斐感をどのように持つべきかなど、問題意識を持たせ動機付けを行うことが重要である。

②自己啓発の具体的方策について

　部下の能力には個人差がある。このため、自己啓発は画一的に助長してみても効果は期待できない。

　職務との関係において個々の職員の能力が不足している点を把握し、指導、実践するよう促す必要がある。

　例えば、パソコン操作が共通して欠けていれば、能力開発の共通テーマとして取り上げ、勤務終了後や余暇を活用して自己啓発に努めるように指導するのも一つの手法である。

　自己啓発は、自らの能力について、弱いところを強くし仕事の上で

実力を貯えることを意味する。文書の作成能力、文書の校正能力、応対やマナー、電話のかけ方、スピーチ、パソコンの操作など、自らの力（能力）が十分かどうかについて知る必要がある。自ら認識した結果について、目標・計画を立て、自己啓発を図るように仕向けることが、監督者としての責務と考える。

　自己啓発を通じて仕事の成果を上げた部下には、その成果を高く評価するとともに、激励し士気を鼓舞することが重要であると思う。

③上司の自己啓発について
　部下に自己啓発を促す上で重要なことは、部下からみた上司は、お手本となる存在でなければならない。自ら自己啓発に努めない怠惰な上司では、部下は魅力を感じないばかりか、指導に従わない。口先だけで自己啓発の重要性を強調してみても、部下の心を動かすことはできない。上司としての自己啓発、教養、強いリーダーシップ、専門性のある職務知識、信頼される人格、マナーを身に付けることが重要と考える。

以上三つの点について述べたが、これからも自己研鑽に努め、部下からみて啓発力のある魅力のあるリーダーを目指して努力をしていきたいと考えている。

> **例題21**
> 部下の担当職務に対する問題意識を高め、適正かつ効率的な業務を推進するための具体的な指導方法について述べよ。
>
> （司令補）

■ 出題のねらい

問題意識のないところに、物事の進歩や発展はあり得ない。職務を効率的に推進するには、部下一人ひとりに問題意識を持たせ、業務の改善や発展に結び付けることが重要である。問題意識を持たせ、無駄のない効率的な仕事を行うには、具体的にどうすればよいのか、その手法について考え方を問うている。

■ 用語についての基礎知識

「問題意識」とは

問題意識とは、職務を推進する上で「解決しなければならない問題」、「改善すべき事柄」について考え、どのような対策を講じたらよいかについて判断し理解することをいう。災害活動、消防車両、装備、訓練手法、予防、総務、教育訓練等、消防業務を行う上で、改善すべき事項が少なくない。

大過なく仕事をしていれば、問題意識を持つこともない。問題の所在を知りながら先送りをすれば、問題の放置につながり、職場のリスクもそれだけ大きくなる。

「職務の効率的な推進」とは

職務の効率的な推進とは、能率的に仕事を行うことを意味する。短時間で物事を迅速かつ確実に処理する方法、より少ないコストで最大の成果を得る方法など、人・物・金・情報を通じて、無理や無駄のない仕事の仕方

第11章　自己啓発・能力の向上・問題意識

を意味する。

■　小論文作成のポイント
　✢　なぜ部下に問題意識を持たせる必要があるのか。
　✢　問題意識とは何か。
　✢　部下の問題意識の向上と効率的な業務の推進
　✢　部下に対する具体的な指導の方法について

文例研究

テーマ
部下の担当職務に対する問題意識を高め、適正かつ効率的な業務を推進するための具体的な指導方法について述べよ。（司令補）

解答例

　部下に問題意識を持たせることは、監督者として重要な責務の一つである。仕事を適正にしかも、効率的に行うには、部下である職員一人ひとりが、問題意識を持つことが必要である。問題意識がないところに、物事の改善や効率的な仕事は存在しないからである。監督者がいかに問題意識を持とうとも、部下集団に問題意識がなければ大きな力を発揮することは難しい。
　そこで、
　　①　問題意識と業務との関係
　　②　効率的な業務を推進するための指導方法
の二点を中心に所見を述べたい。

①問題意識と業務との関係
　適正で効率的な仕事を行うには、部下に問題意識を持たせるように

指導する必要がある。問題意識とは、職務を推進する上で「解決しなければならないこと」や「改善すべき事柄」を的確に把握し対策を考え、実践することにある。

　担当する業務には、必ず改善すべき問題点があることを部下に認識させる必要がある。何の疑問も感じることなく漫然と仕事を行い、ことなかれ主義で仕事をするようでは、適正で効率的な仕事を行うことは難しい。

　慣習や因習にとらわれることなく、常に創造性を発揮し、応用力を高め、時代の変化に目ざとく反応する感性を養うことが、問題意識を高めるための基本であると思われる。

　問題意識と業務の改善は、互いに密接な関係にあることを部下に指導する必要がある。では、部下にどのような方法で問題意識を持たせ能力の向上を図ればよいか、具体的な方法について述べたい。

②部下に問題意識を持たせるための手法
　①　何事にも野次馬根性を持って関心を持つように仕向ける。
　②　他と比較して考え方や手法の違いを見いだすようにする。
　③　非能率的な方法からより能率的で合理的な方法を見いだすようにする。
　④　改善提案を積極的に行わせる。
　⑤　コスト意識（少ないコストで高い成果を生みだす方法）を持たせるようにする。
などがある。

　消防の職場の中で問題意識を持たせようとしてもおのずから限界がある。参考となるほかの行政機関や企業等の職場を視察するなど、見聞を広めることも重要なことである。

　部下から創造性のある提案には、否定することなく積極的に耳を傾け、よい考えであれば、積極的に助長するようにする。

　問題意識を持つだけでは十分ではない。どう改善に結び付けるかが

重要である。上命下達の強い階級社会では、とかく部下は上司の指示されるままに行動し、受身の考えを持ちやすい。そこで積極的に意見提言ができる職場風土を醸成することが必要である。

　部下に問題意識を持たせ、効率的な業務を推進させるには、「問題意識を持て！　効率的な業務の推進にあたれ！」と叱咤激励するだけでは十分ではない。上に立つ監督者自身が、自ら問題意識を持ち模範を示さなければ、部下は付いてはこない。部下は常に上司の日々の態度、行動、考え方に注目しているからである。
　部下に問題意識を持たせるには、職場教育、学校教育等を通じて、意見提言が行われやすい職場づくりが重要である。

以上、「問題意識と業務改善との関係」、「部下に問題意識を持たせるための手法」について、私の所見を述べた。今後も自ら問題意識を高めるように努力するとともに、部下に対し啓発力のあるリーダーになるよう努力していきたいと思う。

第12章　士気高揚、職場の活性化、職務意欲の向上

第12章　士気高揚、職場の活性化、職務意欲の向上

【小論文】
例題22
職務意欲の低下を招く要因を挙げ、消防司令補としてどのような対策があるか述べよ。　　　　　　　　　　（司令補）

■　出題のねらい

　職務意欲の低下は、組織の発展を阻害するだけではなく、事故や不祥事の発生、行政サービスの低下を招き、行政への信頼性を失墜しかねないだけに重要な問題である。出題者は、職務意欲が低下する主な要因とは何か、低下させないためには、どのような方法で対処したらよいか、職務意欲が著しく低下した職場では、どのような方法で士気を高めたらよいかについて問うている。

■　用語についての基礎知識

「職務意欲の低下」とは

　職務意欲の低下とは、与えられた職務に対し、部下が進んで仕事をしようとする意欲に欠けることをいう。

　職務意欲が低下する要因には、上司としての人格の欠如、職場倫理・道徳の欠如、情報の欠如、信賞必罰の欠如、管理の欠如、規律の欠如、意思決定の欠如、責任の欠如、リーダーシップやリスク管理等の欠如に起因する場合が少なくない。

「要因」とは

　主な原因、物事の成立に必要な因子、ファクターをいう。

■　小論文作成のポイント

　✣　職務意欲の低下が、組織に及ぼす影響
　✣　職務意欲の低下は、どのような要因によってもたらされるのか。

❖ 職務意欲の低下を招く要因と対策

文例研究

テーマ

職務意欲の低下を招く要因を挙げ、消防司令補としてどのような対策があるか述べよ。（司令補）

解答例

　職務意欲は、職場士気のバロメータである。士気が旺盛な組織は、職員一人ひとりが仕事に対し意欲的である。これに反して士気の揚がらない組織は、仕事に対し熱意がなく、職員一人ひとりが互いに遊離し連帯感がない。この要因としてリーダーシップ、人間関係が大きく影響してくるものと考える。
　① 職務意欲の低下が組織に与える影響
　② 職務意欲が低下する要因
　③ 具体的な対策をどう講じたらよいか。
の三点について所見を述べたい。

1　職務意欲の低下が組織に与える影響について
　消防の仕事は、「人的な力」に負うところが大きい。このため、個々の職員が職務意欲を高め、組織としての力を結集させ、組織の維持発展に結び付けることが極めて重要である。しかし、人の構成体である組織は、常に活力のある職務意欲に富んだ組織集団であるとは限らない。管理・監督が不適切であれば、部下の職務意欲は低下する。職務意欲が低下すれば、事故や不祥事が起りやすい。職務に支障が生じ業務の能率も下がる。市民の行政に対する不満も大きくなり、究極的には組織に対する信頼性が失われる。組織を構成するのは人であるだけに、部下の職務意欲は、組織の活力と密接な関係にあるといえる。部

第12章　士気高揚、職場の活性化、職務意欲の向上

下を鼓舞し、いかに士気を高めるかが、上に立つ者の重要な責務であるといえる。

②職務意欲が低下する要因について
　一般に職務意欲が低下する要因には、次のことが考えられる。
　　　○　リーダーシップの欠如
　　　○　部下を公平に評価しない。
　　　○　責任感がない。規律が乱れていても注意しない。
　　　○　仕事の過ちは部下の責任、仕事の成果は上司の成果
　　　○　部下の立場や役割を尊重しない。
　　　○　部下の意見やニーズに耳を傾けない、叱咤激励しない。
　　　○　具体的な方針、具体的な目標管理を示さない。
　　　○　部下への情報の伝達、コミュニケーションがない。
　　　○　上司が仕事を独占し、権限を部下に委譲しない。
　　　○　組織の方針や自らの考えを具体的に示さない。
　　　○　なにごとも気安く相談に応じてくれない。
　　　○　仕事の指示が後手にまわり、指示の内容が不明確

③対策について
（1）　部下と共に行動し、実践力のあるリーダーを目指す
　　司令補は、上司を補佐し、部下を指導し監督する立場にある。部下と密接な関係にありながら自ら仕事を丸抱えしたり、部下との良き人間関係を断絶することによって、部下の職務意欲は低下する。
　　上に立つリーダーは、強いリーダーシップを発揮して、目標管理の下に部下に仕事を配分し、責任性を持たせ、心の通じる部下指導、公平な評価、明朗な職場作り、仕事がしやすい職場環境づくりに配意する必要がある。
　　仕事が忙しいときは、互いに協力しあい、急ぎの仕事があるときは、皆で協力して実施する。事務処理や訓練は「やるときはやる」、

「休むときは休む」といったけじめをつける。
　訓練時には、自ら「模範を示し」、「やらせてみる」など、部下とともに考え、行動する上司を目指す。自ら自己啓発に努め部下の模範となる言動や行動、迅速な意思決定を行うことによって、職務意欲の高い職場を作ることができると思う。

(2)　士気を高めるための具体的な方策
　○　強いリーダーシップの発揮と迅速な意思決定
　○　部下への情報提供、意思の疎通を図る。
　○　職場の規律を重視する。
　○　部下に権限を委譲し責任を持たせる。
　○　信賞必罰を徹底する。
　○　目標管理による仕事の推進
　○　人間関係の重視、気安く部下の相談に応じられる職場風土
　○　部下の意見を尊重し仕事に反映させる。
　○　究極の責任は、管理監督者が負う。
　○　仕事の成果は部下の成果
　○　リーダーとしての豊富な職務知識、道徳観、人格などを高めるための自己啓発

　以上が、私の所見である。職務意欲の高い職場は意欲を低下させないように、職務意欲の低い職場はどう高めていくか、常に現状に甘んじることなく、これでよいのか、どうすればさらに職務意欲を一層高めることができるのか、自問しながら有能な監督者になるために、今後も自己啓発に励みたい。

注）2の「職務意欲が低下する要因」と3の（2）「士気を高めるための具体的な方策」とは表裏一体の関係にある。文例の研究では、参考までに文章を作成したので、文章の量が大幅に増えてしまった。

第12章　士気高揚、職場の活性化、職務意欲の向上

　もっと簡潔に表現することも可能である。「職務意欲が低下する要因」と士気を高めるための具体的な方策」の折衷案で考えれば、「職務意欲が低下する要因と対策について」といった表現で、低下の要因と対策を同時に説明する方法もある。
　次の小論文問題では、「職務意欲の低下を招く要因を挙げ、消防司令としてどのような対策があるか述べよ」では、職務意欲の低下の要因を説明した後に、（対策）として解答を記述したので、文例を比較し研究してほしい。

小論文 例題23

職務意欲の低下を招く要因を挙げ、消防司令としてどのような対策があるか述べよ。　　　　　　　　　　　　　　（司令）

■　出題のねらい

　例題22と同じテーマであるが、本例題は消防司令を対象としているので、階級が異なれば、答案はどのように変わるか研究する必要がある。
　司令補は、組織上は監督的立場にあるが、司令は管理職を補佐し、準管理・監督的な立場で仕事をする。設問に対する答案は、この点に注目する必要がある。

■　小論文作成のポイント

- 管理・監督的立場からこの問題を捉える。
- 職務意欲とリーダーシップの問題
- 職務意欲と職場規律、目標管理、責任性の問題

> 文例研究

テーマ

職務意欲の低下を招く要因を挙げ、消防司令としてどのような対策があるか述べよ。（司令）

解答例

　消防行政は、階級制度の下に消防活動が行われる。このため、常に士気の高い組織集団を維持することが重要である。職務意欲の低下は、組織にとって極めて致命的な問題である。職員の職務意欲の問題は、管理・監督者の責務に負うところが大きいだけに、きめ細かな管理監督が必要である。

　「職務意欲が低下する要因」と「職務意欲を高める方策」について、以下、所見を述べたい。

①職務意欲とリーダーシップとの関係

　職務意欲の低い職場は、管理・監督者のリーダーシップが十分に発揮されないことが大きな要因の一つである。リーダーシップの欠如は、職務意欲の低下に大きな影響力を及ぼす。リーダーの優柔不断な態度、意思決定の曖昧さ、上司へのゴマすり、言動の不一致、権限を部下に委譲しない、無責任、自己啓発の欠如、自己本位、協調性・統率力の欠如、問題解決能力の欠如、信賞必罰の欠如、部下の仕事に対する評価、激励、指導力等の欠如は、いずれも部下の職務意欲を低下させる。
（対策）

　職務意欲を高めるか、低下させるかは、上に立つリーダーシップの発揮の仕方に負うところが大きい。リーダーシップには、独裁型リーダーシップや民主型のリーダーシップがあるが、士気旺盛な職場は、上に立つものが目標を明示し、個々の職員の自主性を尊重して仕事の

成果を上げる民主型のリーダーシップを発揮する。

　これに対し、職務意欲の低い指示待ち人間の多い部下には、リーダーは独裁型リーダーシップを発揮して、きめ細かに目標を示し、個々の能力に応じて仕事を配分し、指導して進行管理を行う。災害活動、訓練、緊急性の高い業務は、独裁型リーダーシップを発揮する。

②職務意欲と規律の保持、信賞必罰
　規律の保持、信賞必罰に欠ける職場は職務意欲が低下する。規律は、組織目的を達成するために、個々の職員が互いに尊重しなければならない基本的なルールである。
　遅刻、欠勤、規律違反があってもだれも注意しない職場や職務の成果が人事考課に適切に反映しないと、職場の規律は乱れ、士気は低下する。一生懸命に努力してよい成績を収めても、正しく評価されない職場は、部下は意欲を持って仕事をしようとはしないからである。
（対策）
　規律の乱れは、士気低下の最大の要因となる。見て見ぬ振りをするのではなく、しっかりとしたリーダーシップのもとで、規律を守らせ、指導し、信賞必罰を徹底させる必要がある。

③職務意欲と目標管理、権限の委譲、責任性
　職務上の責任が不明確であったり、部下に対する仕事の配分、権限の委譲が不適切、部下に対する不公平な扱い、適材適所主義の欠如などは、いずれも職務意欲を低下させる要因となる。
（対策）
　✥　目標管理の徹底
　部下に具体的な目標と責任を持たせ、目標管理の下に計画的に仕事を推進することが必要である。目標と責任を与えることによって、部下は組織の一員としての自覚を持ち、仲間とともに切磋琢磨し、仕事に対する意欲が高まる。部下は単なるロボットではない。責任と主体

性のある組織の一員として尊重し、創造性を持って仕事の推進に努めるように仕向けることが重要と考える。

✤　権限の委譲、仕事の適正配分
　幹部が仕事を独り占めにしたり、部下を放置するようでは、部下の職務意欲は減退し、組織としての成果も上がらない。能力に応じて権限を部下に委譲し、責任を持たせるなど、適材適所主義の人事管理を行うことで、部下の職務意欲を向上させることができる。

✤　意思の疎通、円滑なコミュニケーション
　部下に対し必要な情報を積極的に伝達し、意思の疎通を図るなど、明るい職場の風土作りが必要である。円滑なコミュニケーションに努めることは、個々の職員の職務意欲の向上に大きな力になると思われる。また、上司、部下、同僚との意思の疎通が欠ければ相互の信頼性が欠けるので、円滑な人間関係が失われることになる。このため、職務意欲が減退することになる。

④職務意欲と能力開発（自己啓発）との関係
　部下に対し自己啓発や能力開発の重要性について啓発しない職場は、刺激もなく活性化することもないので、職場はマンネリ化し、個々の職員の職務意欲は低下する。
（対策）
　リーダーは、自ら自己啓発に努め、部下に対し、職務上の専門的知識、技能、倫理感について啓発することが重要と考える。職務意欲の乏しい職場は、リーダー自らが手本を示し、強いリーダーシップを発揮する必要がある。自ら自己啓発に努めないで、部下を叱咤激励するだけでは、部下はついてこないからである。
　活性化した職場には、上司も部下も互いに心の通じ合う人間関係があり、良い意味で互いに刺激しあい、前向きに意欲を持って仕事をし

ようとする基本的な姿勢と行動力がある。

　私は、以上、四つの点が重要と考え、所見を述べたが、今後も、自ら大いに自己啓発に励みたいと思う。

ワンポイント・レッスン

職務意欲の話

　職務意欲、職場の士気に関する問題は、小論文のテーマとして取りあげられることが多い。

　しかし、「職務意欲とは何か？」、「職場の士気とは何か？」について問われると、うまく説明することができない。

　そこで、職場の中で、きめ細かな観察をしてみてはどうだろうか。

　職場には、「部下の職務意欲を向上させることの上手な上司」がいる。反対に、「部下の職務意欲を低下させるような反面教師の上司」もいる。平素から「良い上司の例」、「悪い上司の例」を整理しておくと小論文対策の上で大いに役に立つ。

　ある消防研修で「良い上司の例」を中心にKJ法による部下指導の授業をしたことがあった。幾つかの例ではあるが、参考までに掲げてみた。

（事例１）

部下に仕事をするチャンスを与え、指導することのうまい上司

　Ｎ消防司令補は、管理係の主任として真面目に仕事を処理し、上司にも大変信頼が厚かった。私（消防士長）は当時、管理係員としてＮ消防司令補の下で仕事をしていた。

　あるとき、Ｎ消防司令補は、私を呼んで消防士長が起案するのに丁度よい仕事ができたので、やってみなさいと言われて、起案の仕事をする機会を与えてくれた。

　しかし、私は雑用に追われていたので、すぐには起案することができな

かった。
　N消防司令補は、それとなく自分で起案文を作成し、あとで参考にするようにと言って手渡してくれた。
　命令的に部下に指示するのではなく、相手の様子をみながら判断し、心遣いをしてくれたのが大変嬉しかった。次回からは、上司から仕事を頼まれたならば、すぐにやろうという気持ちになった。人間性に富み、指導力のある上司であった。

（事例2）
調整能力のある上司
　私は、一係員として自らの能力が分からないままに、全部、処理できますといって仕事を引き受けてしまった。仕事量が多く、忙しかったので頼まれた期限までに仕上げることができないことが分かった。
　早速、上司に相談しなければと思ったが、いったん仕事を引き受けながら、今更、期限までにできないとは言えないので悩んでいた。
　すると上司は私に声をかけ、仕事の一部を他の係員に配分してくれたので期日までに終了することができた。
　部下の仕事の推進状況をみながら仕事全体を把握し、円滑に仕事を適切に処理する上司の姿をみて素晴らしいと思った（目標管理、仕事の配分、調整、進行管理、部下の心境の察知など）。

（事例3）
部下からみて親しみを感じる上司
　　○　課長会議、係長会議の会議の結果、他の部や課の動き、必要な情報などをきめ細かに知らせてくれる上司。
　　○　自ら仕事がうまくいった例や失敗談を率直に話してくれる上司。
　　○　困難な仕事に対し一緒になって考えてくれる上司。問題の解決のために努力し、バックアップをしてくれる上司。

（事例4）
上司の決断と実行

　ある寒い日の夕方であった。マンションの三階に住む住民が、「鍵を紛失して部屋に入ることができず困っている。助けてほしい」と出張所の受付勤務者に告げた。上司に報告すると、上司は、「鍵を忘れただけで消防隊が出場するわけにはいかない」と消防側の事情を説明した上で、「私の責任で何とかしましょう」といって直ちに指令室に次のような連絡をとった。

　「マンションに住む方が、ストーブの火を消し忘れたまま外出したことに気がついて、急ぎマンションに戻ったが、部屋の鍵を紛失し家の中に入れないので、何とかして欲しいと言ってきたので、直ちに出場したい」といって了解を得た。サイレンを鳴らさずに現場に急行し、三連梯子を使って窓から進入して解錠したので、住民から大変、感謝されたことがあった。

　このような措置は、組織として、反対の意見もあると思われるが、私は、市民の立場に立って考え、上司の一存（責任）で臨機応変に判断することのできる監督者は、真に信頼のできる上司だと思った。

　部下は、リーダーとしての上司の判断力、決断力をみているということである。
（筆者）

小論文
例題24
　効果の上がる会議の在り方について述べよ。　　　　　　　　（＊）

■　出題のねらい
　会議は、運営次第で、内容の充実した会議になったり、時間を浪費して、形式的な会議に終わることもある。一日中、会議、会議の連続で追われることがある。形式的な会議は、貴重な時間を無駄にするので、効果の上がる会議を行うことが重要である。

　幹部になると会議を開催し、議事を進行する立場に立たされるので、会議の在り方について研究することが必要だ。設問は効果の上がる会議の在り方について考えを問うている。

■　用語についての基礎知識
「効果の上がる会議」とは、

　会議を能率的に進行し、会議に参画した者にとって、役立つ情報を互いに知らしめ、教えあうことにある。

　会議は、限られた時間内で中味のある意見を出しあい、目的に沿って結論を出すことが重要である。会議の席で分厚い資料が配付されることがあるが、いきなり配付されても、読む時間もなく問題点を整理し質問することもできない。これでは内容の充実した会議にはならない。

　事前に根回しと称して調整を図り、会議の席ではほとんど質問することなく会議主催者側の一方的な説明で終始することがあるが、これでは中味のある意見交換をすることができない。効果の上がる会議とは、会議の席に白紙で臨むのではなく、あらかじめ会議で議題となるテーマについて、資料を通じてよく勉強した上で、会議に出席することが必要である。時間管理がシビアで、能率的で、だれにも臆せず気兼ねすることなく、本音の意見が活発に交換できる会議でなければならない。

第12章　士気高揚、職場の活性化、職務意欲の向上

■　小論文作成のポイント
✥　会議の一般的傾向としていえることは（時間管理、資料配付、事前の根回しなど）
✥　会議のテーマに沿った有能な委員の選定
✥　議事と予算の確保（裏づけ）
✥　司会進行の円滑化
✥　問題点の整理、検討、結論
✥　会議室の環境への配慮

文例研究

テーマ
効果のあがる会議の在り方について述べよ。（＊）

解答例
　　どこの職場においても会議が行われない職場はない。会議は多いが、短時間で効率的な会議が行われることは少ないように思われる。会議の開催の在り方一つで、充実した会議になることもあれば、貴重な時間を無駄にすることもある。私は、効果の上がる会議を開催するには、次の六つの事項について実践する必要があると考える。

①本音の議論が重要である
　会議では、一般に本音と建前を使い分ける人が少なくない。会議の席で終始、発言することなく沈黙を守る人や本音と建前を使い分け、本音の意見を言わないで、会議が終わってからブツブツと自分の意見をいう人がいる。これでは中味のある議論をしたことにはならない。
　会議では、上司の気に入らない意見は発言しない、悪い情報は議題にしないことがあるが、これでは実のある会議にはならない。貴重な

177

時間を費やすからには、本音の意見、忌憚のない意見を真剣に議論することが、意義のある会議だと思う。

会議の前に根回しをして会議に臨む習慣がある。調整は必要だが会議の席では、ほとんど発言しないようでは、会議を持つ意義もなくなる。本音の議論こそ重要である。

②出席者数の確認、時間の厳守、資料の事前配付

消防点検や訓練では、時間厳守で始まるが、組織内部の会議となると、数人の委員が開催時間に遅れたりして、定刻に始まらないことがある。時間にルーズになれば、ほかの委員の貴重な時間を無駄にすることになる。

会議の開催にあたっては、会議が成立するに必要な出席者数が確保されているかを確認する。必要な人員数が確保されていれば、会議開催を宣言し開始する。

会議の席で分厚い資料が配付されても、その場で読んですぐに理解することは難しい。事前に資料を配付し、あらかじめ資料に目を通すことによって、質疑応答も活発になり中味のある会議となる。会議成立の要件、資料の事前配付、時間の規律は、実のある会議を行う上で、基本的な要件であると思う。

③委員の選任と代理者の在り方

行政の専門性が叫ばれている現状にあっては、会議に参画するメンバーの選出は、会議の目的や内容に沿った専門性を有する委員を選ぶ必要がある。会議に参画する委員の構成によって、会議の内容や会議の結果は大きく異なってくる。

委員の選任が適切であれば、問題を掘り下げた活発な議論を行うことができる。委員の代理者として出席しても、発言することなく単なる傍聴人的存在で同席し、会議の結果を所属に持ち帰り報告するだけでは、充実した会議にはならない。委員として選ばれたからには、そ

第12章　士気高揚、職場の活性化、職務意欲の向上

れなりに会議に対し責任を果たす義務があると考える。

④議題と予算の裏づけ

　会議では問題点を明確にして議論をすることが重要である。最終目的は何か、結論に至る行程（プロセス）をはっきりさせておくことが会議の成果を高める上で必要と思われる。予算の裏づけが必要な議題について会議を開催する場合には、経理担当者を会議に参画させる必要がある。

⑤会議目的の明確化と能率的管理

　会議で決まったことは、最終決定の場としての会議か、意見を調整し意見を集約するための場なのか、意見を参考にして、ラインの長の判断によって決定すべきか、明確にしておく必要がある。このことがしっかりしていないと会議を開催する意味がなくなる。

　会議には、庁議のような意思決定機関として行われるもの、単なる連絡会として行うもの、専門委員会やプロジェクトチームによるものなど、それぞれ会議の性格が異なる。このため会議の目的、開催の趣旨を明確にして、効率良く行う必要がある。会議を開催する事務局（担当者）は、このような点に注意して会議を開催しなければいけないと思う。

⑥会議の司会進行、会場管理

　会議を円滑で効率的に行うには、司会者の会議運営のいかんに大きく影響する。提案された意見を手際よく仕分けし、予定された時間内で会議が終了するように、時間管理を行う必要がある。また、会議が能率的に行われるには、会場内の適温、湿度、照明、空気の浄化、マイク等の調整、資料配付等に配慮することが必要である。

　会議は、目的や運営管理にあたる事務局担当者の考え方一つで、充

実した会議になるか、形式的で時間を浪費する会議になるかが決まる。私が会議開催の事務局を担当する場合には、会議全体の運営や進行について、事前に上司とよく相談し、調整した上で会議を開催することが重要と考えている。

ワンポイント・レッスン

会議の在り方

　会議司会者用マニュアルや会議の在り方については、いろいろな本が出ている。飯島保廣嗣さんが書かれた『問題解決の思考技術』には、アメリカに留学中に、「スピーチ学」について、一年間専攻し、「司会者としていかに会議を開催するか」という学習・訓練で次のような会議の段取りを教えられたと、本のなかで紹介している。

① 会議司会者用マニュアル
② 会議の開催を宣言する。
③ 出席者を確認する。
④ 前回の会議からの引継ぎ事項の有無を確認する。
⑤ 引継ぎ事項について、必要あれば討議し、結論を出す。
⑥ あらかじめ設定されている議題（テーマ、命題）を説明する。
⑦ （議題が複数のとき）必要があれば、グループでそれらの優先順位を決める。
⑧ それぞれの議題について、討論の「持ち時間」の概略を説明する。
⑨ それぞれの議題について討議する。
⑩ 結論を出す。時間切れで結論が出ない場合は、次回の会議の議題を明確にし、引継ぎ事項とする。
⑪ 「新しい問題（議題、課題）はないか？」と、全員に質問する。会議の閉会を宣言する。

（会議）

○ 結論型会議では、どの問題解決の領域（あるいはそれらの組み合わせ）なのかを、まず明確にする。
○ 「について」という議題は好ましくない。分析課題として、議題を明らかにする。
○ 会議の（問題解決）プロセスを、具体的に明らかにする。議長はそれに従い、参加者もよく認識すること。
○ 参加者は、プロセスのどの部分でどんな目的で発言するのかをよく自覚すること。
○ プロセス質問とコンテント質問を区別し、適切に組み合わせること。コンテントに深入りしてはいけない。
○ 意見と自己主張（自己顕示欲）を区別すること。

（飯島保廣嗣著『問題解決の思考技術』p.172〜173、日本経済新聞社）

第13章　行政課題・実務に関する出題傾向と対策

第13章 行政課題・実務に関する出題傾向と対策

1 行政課題・実務に関する出題傾向

　行政政策・施策、財政、消防実務に関するテーマは、階級を問わず、近年多く出題されている。これらのテーマは、消防人として当然理解していなければならない基本的な問題である。

　管理監督者は、今日的な行政課題に対して、絶えず関心と問題意識をもたなければいけない。また将来ビジョンや建設的で独創的な意見が随時述べられるように準備しておく必要がある。

　日頃の業務の中で、創造的な発想、問題解決能力を磨いておくことが肝要である。

　消防人は、上命下達に慣れているので、組織が決めたルールに従い、的確にものごとを処理するのは得意だが、行政課題や施策についてどう解決すればよいかとなると、必ずしも得意ではない。

　特に司令、司令長の小論文では、現状認識や問題解決策、将来展望について問われることが多いので、努めて将来ビジョンや何が問題かについて研究しておく必要がある。

　注目すべきことは、士長、司令補の小論文にも、消防政策に関する小論文が出されていることだ。例えば、

- 阪神大震災の教訓を踏まえた今後の市民指導の在り方
- 救急行政需要の増大に伴う、今後の救急業務のあるべき姿
- 救急業務の高度化と救急隊の将来像
- 高齢化社会の進展と消防の役割について
- 消防署の指導性の向上
- 訓練センターの活用方策

等、マクロな観点から「～の将来像について」、「～のあるべき姿について」、「～の在り方について」といった形式で出題されている。常に管理的な立場に立って問題意識を持つようにすることが重要だ。

　例えば「私は救急隊員だから、救急の知識・技能にだけ精通していればよい」

などと考えるべきではない。救急需要の増大に伴う対策や救急技術の高度化・専門化にどう対処すべきか、など行政課題や政策課題に対しても、大所高所に立って将来展望に関する意見が述べられるようにしておきたいものである。

なお、本章では前章のような解説方式、
① 出題のねらい
② 用語についての基礎知識
③ 小論文作成のポイント
④ 文例研究

というスタイルはとらない。理由は、都市の規模や過疎地域等によって、行政需要や消防の組織体制、市町村の政策の違いや財政事情の実態が異なる。このため画一的に論じることが難しいこと、出題の範囲が広いため一つ一つを詳しく掘り下げることができないからである。

過去に出された行政課題、実務関係に関する小論文テーマについて、階級別に分類、整理してみると、一例ではあるが次のような傾向がみられる。

2　階級別・出題テーマ一覧

(1)　消防士長

> □　市民に親しまれる消防であるためには、どのようなことが大切か、消防士長の立場で論ぜよ。
>
> □　阪神大震災の教訓を踏まえ、地震に対して今後の市民指導はどうあるべきか述べよ。
>
> □　年々、増大する救急行政需要に的確に対応していくため、今後、救急業務はいかにあるべきか述べよ。

第13章 行政課題・実務に関する出題傾向と対策

- □ 市民の防火指導の在り方について考え方を述べよ。

- □ 高齢化社会の進展と消防の役割について述べよ。

(2) 消防司令補

- □ 消防行政を積極的に推進していくため、消防署の指導性をより向上させるにはいかにあるべきか。

- □ 市民に信頼される業務を遂行するために、消防職員として市民に心掛けなくてはならない事柄について述べよ。

- □ 救急業務の高度化と救急隊の将来像について述べよ。

- □ 訓練センターの活用方策について述べよ。

(3) 消防司令

- □ 消防を取り巻く社会情勢を踏まえ、当消防本部の施策の現状と今後の課題について述べよ。

- □ 当消防本部の長期計画策定の意義を記し、今後の行政運営の在り方について論ぜよ。

(4) 消防司令長

- □ 1月17日に発生した阪神淡路大震災について、本市の消防として学ぶべきものは何か。

☐　救急需要の増加を踏まえ、今後の救急業務の効果的な推進方策について述べよ。

☐　救急業務に対する市民の関心が高まり、環境の変化が著しい中で、救急業務をいかに推進すべきかについて、当面の課題と採るべき方策について思うところを述べよ。

☐　当消防本部における救急行政の大綱を示すとともに、21世紀の救急行政のあるべき姿について論ぜよ。

☐　消防を取り巻く社会情勢の動向を踏まえ、管理者として警防業務にいかに取り組むべきか論ぜよ。

☐　予防行政の当面の課題と推進方策について述べよ。

☐　予防行政を取り巻く現状と効果的な業務の推進方策について考えを述べよ。

☐　規制緩和の動向を踏まえ、予防行政との関わりについて考えを述べよ。

☐　防火管理の現状と課題を挙げ、自衛消防訓練の推進方策について述べよ。

☐　防災週間の諸行事について自由な発想で企画立案せよ。

☐　21世紀初頭の社会背景を踏まえ、災害弱者の安全な生活を確保する上で、消防がなすべき課題と方策について述べよ。

第13章　行政課題・実務に関する出題傾向と対策

□　総合3ヵ年計画（マイプラン'95）における当消防本部の位置づけと早急に取り組むべき施策について論ぜよ。

□　行政改革大綱、同財政健全化計画などを踏まえた今後の当消防本部の行政運営方策について論ぜよ。

□　厳しい行財政状況を踏まえ、当消防本部の重要施策をいかに効果的に推進すべきか、その方策について述べよ。

□　市の財政が逼迫している中、今後の消防行政はいかにあるべきか。また、求められる管理者の考え方について論ぜよ。

□　行政改革大綱、同財政健全化計画などを踏まえた今後の当消防本部の行政運営方策について論ぜよ。

□　平成〇年〇月「火災予防審議会地震対策部会答申」の提言内容を踏まえて、地震対策の推進方策を述べよ。

□　クイックアタックを通じて地域住民の理解と評価を得るため、警防課長としての日常の対策とクイックアタックを目的とした当消防本部の施策に対する提言を述べよ。

□　烈風時に消防密集街区で建物火災が発生した。到着時、炎焼拡大危険の大きい地点の建物が延焼中である。あなたは総指揮者として出場したが、いかなる方策の戦術をとるか考えを述べよ。

□　震災対策の重要項目である「水利の整備」、「消防団活動体制の強化」、「支援ボランティアの育成」の三つについて推進方策を論ぜよ。

☐ 地震被害想定の目的と概要、震災対策とその推進方策についての考えを述べよ。

3 行政課題、実務に関する小論文対策
〜組織の現状をマクロに把握せよ〜

　行政課題、施策、実務に関する小論文対策で重要なことは、消防行政を取り巻く客観情勢や現状認識のもとに、問題となりやすい課題について解決策を考えておくことである。

　階級別に小さな観点から個々の小論文の問題を考えるのではない。もっと大きな視野から消防行政を捉えて、体系的に問題の所在を把握することが重要だ。

　次の図は、行政課題を考える上で必要な、①社会の変革、②重点施策・方針・事業計画、③行政需要の増大、④財政の逼迫と公務能率の向上、⑤市民に対する行政サービス、⑥災害の危機管理対策などが相互にどう関わっているかを図式化したものである。行政課題に関する小論文テーマも、概ねこのような体系図の中に収めることができる。

　したがって、この体系図を頭に描きながら小論文の問題を考え、問題にどう答えるかについて訓練をしておく必要がある。

(1) 「社会の変革」を把握せよ

　景気の低迷、行財政の構造改革、国際社会との関係、大災害やテロの発生、高齢化社会の進展、犯罪の増加、倫理意識・道徳観の低下など、消防を取り巻く客観情勢は、確実に変化している。

　このことは行政の施策や財政問題にも大きく関係してくる。この結果、姿・形を変えて小論文の素材となりやすい。

　司令、司令長などの小論文では、「消防を取り巻く社会情勢」、「予防行政を取り巻く現状」といった客観情勢に結び付けた小論文が出題されやすい。

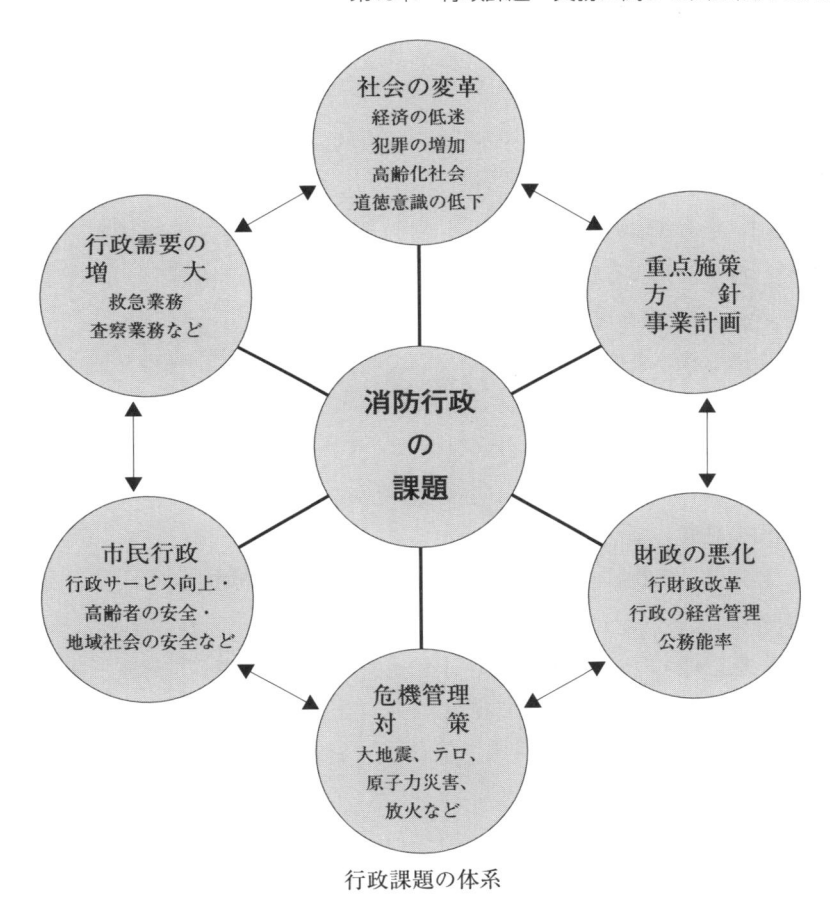

第13章　行政課題・実務に関する出題傾向と対策

```
                    社会の変革
                    経済の低迷
                    犯罪の増加
                    高齢化社会
                    道徳意識の低下

   行政需要の                        重点施策
     増　大                          方　針
    救急業務                         事業計画
    査察業務など

                    消防行政
                      の
                     課題

   市民行政                          財政の悪化
  行政サービス向上・                  行財政改革
   高齢者の安全・                    行政の経営管理
  地域社会の安全など                    公務能率

                    危機管理
                     対　策
                    大地震、テロ、
                    原子力災害、
                     放火など
```

行政課題の体系

「消防を取り巻く客観情勢についてコメントせよ」と問われたならば、どう答えるか、日頃から考えを整理しておくようにする。
例えば、

* 企業倒産や景気の後退が消防行政に与える影響
* 高齢化の進展が火災予防・震災対策・救急業務などに及ぼす影響
* 中小規模の複合ビルの火災リスクが予防行政に及ぼす影響
* 大地震災害、テロ事件、原子力施設の事故などの災害が消防活動に及ぼす影響

- 倫理・道徳の低下が消防の人事管理や部下指導に及ぼす影響

 以下、社会情勢の変化が、消防行政に直接的、間接的に及ぼす影響などを挙げておく。

- 国・地方政府の歳入の減少（消防の予算）
- 行財政改革、行政の広域化、行政の経営的管理（組織体制の見直し、行政責任、費用対効果、行政の経営的管理など）
- 金融危機、企業倒産、リストラ（公務効率の向上、消防のリストラ、行政サービスの向上など）
- 阪神淡路大地震、JCOの臨界事故、サリン事件、同時多発テロと危機管理（危機管理体制の整備、政策の見直し、戦略・戦術の見直し、機動力・装備の見直しなど）
- 経営者、公務員の不祥事、道徳意識の低下（人事管理、部下指導、教育訓練など）
- 危機管理・リスクマネジメントの重要性（防災行政の危機管理体制の構築、防災訓練・防災指導の見直しなど）
- 凶悪犯罪の増加（消防・救急活動に伴う隊員の安全確保、装備の改善、マニュアルの整備など）
- 放火事件の増加（消防活動と隊員の安全確保、放火対策など）
- 高齢化社会の進展（防災福祉担当部署の設置、一人暮らし高齢者の実態把握・防火診断・指導、緊急情報システムの整備、隣保共助体制など）
- 新宿歌舞伎町のビル火災と防火管理責任（法令改正と査察の強化、違反処理・経営責任・防火管理の改善、リスクマネジメントの重要性など）
- 救急件数の増大、技術の高度化（救急対策の在り方、救急救命士の資格取得、救急教育、予防救急、救急体制の充実など）
- 行政の高度化・専門化、情報公開・個人情報の機密保持など（消防行政の専門化・高度化、情報開示・個人情報の在り方など）

(2) **「重点施策、方針、事業計画」を理解せよ**

第13章　行政課題・実務に関する出題傾向と対策

　小論文を書く上で重要なことは、市町村や消防の重要施策や方針、計画などの背景を理解することである。組織が示す重点施策や方針は、抽象的で簡潔に書かれているので、とかくザッと目を通して終わりにしがちである。示された方針や要綱、計画などの背景にあるものを理解せずに、そのまま鵜のみにするようでは、よい答案を書くことは難しい。

　重点施策や方針について、前年度と比較し、新設された項目があれば注意が必要だ。小さな表現の補足、変更された事項・文章にも注意しなくてはいけない。背景とは、消防を取り巻く客観情勢の変化、市町村の財政状況、都市の開発（再開発）、福祉対策の強化、情報化の整備などを意味する。

　重点施策等に関する小論文では、次のようなテーマが出題されている。

- 長期計画策定の意義と今後の行政運営の在り方について
- 厳しい行財政状況を踏まえた重点施策の効果的運用について
- ○○消防本部の施策の現状と今後の課題について
- ○○市（町・村）の総合○か年計画と、○○消防本部が早急に取り組むべき施策について

　市町村の重点事業や方針、事業計画と消防本部との関連性について小論文テーマになりやすい事柄に注意する必要がある。

(3)　「行政需要の増大」している業務に注目せよ

　消防行政には、業務の性格上、著しく行政需要が増大しているものがある。特に救急と予防査察の業務が増大している。このことについて、筆者の考えを述べてみたい。

○　救急件数の増大

　救急行政需要の増大は、どの都市においても共通の課題であり、小論文の問題になりやすい。士長から司令長のランクまで、オールラウンドで出題されている。行政需要の増大にどう対処するかについては、大都市（過密都市）と過疎地域では、対策の在り方も異なってくる。

救急救命士による高度専門化を目指す都市もあれば、反対に救急隊員・救急車などの増強が必要であっても組織がぜい弱で財政力が伴わないため、救急救命士の資格取得もままならず、病院に搬送するのが精一杯という都市もある。このため、答案の内容も当該市の実態に応じた対策などを記述しなければならない。

　行政需要が増大しているにもかかわらず、増員や署所の新設、救急車の増強ができなければ、現有の消防力で賄わざるを得ない。そこで、どのような創意工夫をすればよいかが問題となる。

　最近は、消防車と救急車の兼用の車両が開発されている。この種の運用方法を考えると、警防隊員を教育し、隊員相互の互換性を高める方法を採用するところもある。

　また、救急要請は必ずしも緊急性の高いものばかりではない。ちょっとしたことでも救急車を要請するケースが多い。救急車の正しい利用法について、もっと強力に関係医師会、市町村、町会、マスコミなどを通じて広報し、協力を求め、需要増大の抑止に努める必要があると思う。

　予算の増額が認められないからといって、最初から消極的になることはない。行政の構造改革が進められている現状にあって、救急行政や福祉行政など、新たな行政需要に対応して他の行政部門の予算を削減し、消防予算の増額を図るように財務当局や議会に要請することも重要なことである。

　過去に出題された救急業務に関する小論文について一例を挙げてみる。
- 救急業務の在り方
- 救急業務の高度化と救急隊の将来像
- 救急行政需要の増大と今後の効果的な推進方策
- 救急業務の推進方策、当面の課題、とるべき方策
- 救急行政の大綱と21世紀の救急行政のあるべき姿

　少数体制の消防本部では、救急救命士の資格取得、救急技術の高度化を目指すには、車両・隊員・施設の増強を図り、教育要員を捻出しなければ体制の充実強化は難しい。広域行政を一層推進し、大きな組織にする必要がある。

第13章　行政課題・実務に関する出題傾向と対策

将来の展望について求められれば、前向き思考で広域連合組織の問題に触れざるを得ないのではなかろうか。

○　**予防行政需要の増大**

　予防行政についても救急行政と同様に、都市の規模や行政需要、消防の組織体制など、都市の実情によって答案の書き方（内容）も異なってくる。正しい現状認識のもとに解決策や展望を見出すことが必要だ。

　過去に出された小論文には、次のようなものがある。
- 予防行政の当面の課題と推進方策
- 予防行政を取り巻く現状と効果的な業務の推進策
- 防火管理の現状と課題
- 自衛消防訓練の推進方策
- 規制緩和の動向、予防行政との関わり

　「都市構造からみて、予防行政上、何が問題か」について、しっかりとした現状認識が必要だ。多数の人が焼死した新宿歌舞伎町のビル火災は、すべての都市に当てはまる問題ではないが、これを教訓に火災リスクを把握し対策を立てることは、何よりも重要なことである。

　防火管理の問題は、古くて新しい問題である。防火管理において何が問題かについて、しっかりと把握する必要がある。法令の範囲の中だけで考えてみても新しい考えは出てこない。形式的に一定の枠の中で考えるだけでは問題の解決にはならない。

　新宿歌舞伎町のビル火災で指摘されたように、中小規模の複合用途ビルには火災リスクの高い建物が少なくない。

　法令では、防火管理の一部委託は認めているが、現実は全部委託しているところが少なくない。このような問題はあまり議論されていないが、重要なことだと思う。大きな火災事故が起こると、有識者による検討委員会が設置され、最終的には、罰則の強化、査察体制の強化、関係機関の連携強化が強調される。いつも同じパターンが繰り返されているが、問題の解決につながるのか疑問で

ある。

　二方向避難の重要性について再三、指摘されてはいるが改善されない。消防の査察を強化するというが、増員されなければ現有の限られた人員ではおのずと限界がある。ではどうするか。消防行政の更なる広域化を進めたり、組織力を強め、査察や調査の専門性・違反処理能力を高めなければ、いくら罰則を強化してみても、違反処理を弾力的に行使しなければ意味がない。

　これからの時代の予防行政は、監督行政機関の一方的な監視警戒だけでは限界がある。家庭や事業所に対し、災害の危機管理やリスクマネジメントの考え方を普及させることが重要と思われる。

　長年にわたり、企業は法令や行政指導に依存してきた。企業の風土は、法令で定めているのだから仕方がないといった義務感であり、消防署に指摘されなければそれでよしとする考えが根強い、このため防災に対し消極的である。

　この点、災害危機管理やリスクマネジメントの考えは、「企業の安全は、自ら守る」を前提に、リスクを把握し、処理する積極的な自助努力が基本姿勢となっている。火災リスクの把握、リスク処理、コントロールなどの事前対策であり、渦中対策である。リスクマネジメントの考えを取り入れた損害の軽減・安全の確保について、企業や家庭に自己責任の重要性について、深く浸透させていく必要があると思う。

　また、消防職員は、地域社会の災害リスクのコミュニケーターとしての役割を果たす必要があると考える。

○　**規制の緩和と規制の強化**

　規制を緩和し自由な経済活動に委ねることは、経済の活性化を図る上で重要である。しかし、火災等の人命の安全確保につながる規制は、緩和すべきではない。むしろ厳しく規制しなければならない。

　危機管理・リスクマネジメントが専門の関西大学教授・亀井利明さんは、「規制緩和の時代でも安全規制を緩和してはならない」と主張されている。（『企業危機管理と家庭危機管理』、p.60、日本リスク・プロフェショナル協会）

　火災予防のための立入検査、危険物取締りなど、災害予防を強化するには増

員や専門体制の強化が必要である。しかし、現状は立入検査にしても火災原因調査にしても予防体制は脆弱である。

全国の消防本部の組織数（平成16年4月1日現在）は、886本部で、消防職員数は15万4858人（平成16年1月16日現在）である。中・小規模の消防本部ではポンプ車や救助車、救急車の運用に大半の人員がさかれてしまうので、教育要員が捻出できず、予防体制の強化や専門性を確保することは難しい。このため、広域的行政を一層促進させ質や体制の強化を図る必要がある。

(4)　「財政の悪化」と公務能率の向上

予算を湯水のように使えた時代は過ぎた。景気が低迷する中で、国・地方公共団体は、多額の財政赤字に悩んでいる。そこで、新たな行政需要に対応するために必要な財源が確保できないのが現状である。

このため、現在の組織制度や予算配分の在り方を見直し、より経営的な視野に立って、行政の構造改革を実施し、効率化を図らなくてはならない。言い換えれば「公務能率の向上」である。

過去に出題された小論文テーマには、一例として次のようなものがある。

- ❖　消防行政のリストラ
- ❖　市の財政が逼迫しているなかで、今後の行政のあるべき姿、管理者としての考え方
- ❖　市の行政改革大綱、同財政健全化計画などを踏まえた当消防本部の行政運営方策

では、「消防の公務能率の向上」とは何か…。

消防予算に占める人件費の割合は、全体の約80％程度。マンパワーを主力としているだけに、いかに効率的・能率的に運用するかが重要である。

企業では、コンピュータ化やロボット化による省力化をはじめ、正社員を削減し、パートタイマーの採用、外部委託（アウトソーシング）などローコスト化を進め、経営の効率化に努めている。

行政においても合理化、能率化、省力化が行われ、経費の削減に努めてはい

るが、国民から行政を見る目は、依然厳しいものがある。消防業務の効率化を図るために、従来からOA機器の導入、業務の外部委託、車両運用人員の省力化などを進めてきてはいるが、更に電子情報化時代を迎え、より効率的な体制づくりが必要と思われる。

消防庁舎の新設、改築、車両・資機材、情報通信、消防艇、防災教育センター、水利などの整備にしても、効率的な運用の在り方や省エネ、省力化を図り、より少ないコストで、より効率的な運用を図るための創意工夫が必要である。

消防力の適正な配備計画（市街化の変化、人口の増加、特殊車の配備など）との関係を考え、消防署所の統合・廃止による合理化、市民サービスの向上、災害活動体制の強化、職員の福利厚生施設の充実など、より効率的な運用管理の在り方が求められる。

(5) 市民行政
○ 行政サービスの向上

公務員の不祥事や行政対応の不手際により、市民の行政に対する信頼性は低下している。

市民の価値観は多様化し、権利意識が向上するに伴い、行政が従来から当たり前なこととして行ってきたことでも、市民感情との離齬（そご）が生じ行政とのトラブルが少なくない。「行政が市民を支配するのではない。市民があって行政があるのだ」といった考えでなければならない。しかし、現実は行政側の考えや判断で物事を決しやすい。行政サービスには限りがないが、市民サイドの視点に立って物事を判断することが重要である。

「消防は市民に対し何をなすべきか」を考えるには、逆に「市民は、消防に何を求めているか」を的確に把握する必要がある。

行政に対する信頼性を高めるには、署員の市民に対する接遇、職務知識、迅速な事務処理などについて、能力の向上に努める必要がある。このための職場教育、自己啓発を積極的に行わせることが重要である。また、消防行政の情報公開制度、個人情報の機密保持の在り方などについても研究し適切な対応が必要である。

第13章　行政課題・実務に関する出題傾向と対策

○　**高齢化社会の進展と安全**

　日本の社会は急速に高齢化が進み、2020年には、4人に1人が65歳以上になるといわれている。

　住宅火災による死者数の五十数パーセントが高齢者で占められている。このため、高齢者の安全対策は、超高齢化社会へと進む日本の社会において、極めて重要な課題である。

　小論文試験では、「高齢化社会の進展と消防の役割について述べよ」といったテーマで出題されている。火災、救急、水害、津波など、災害に弱い高齢者の安全対策は消防業務と密接な関係があるだけに、今後も小論文試験のテーマになりやすい。

　高齢者に対する安全対策は、大都市、農・漁村地域などによって異なり、対策の在り方も画一的に論じることは難しい。このため、地域の実情を正しく把握するとともに、現状の対策で十分か否かについて検討しておく必要がある。

- 火災、救急と迅速な対応（火災通報システムなど）
- 高齢者の住環境の安全対策（行政の組織対応、実態把握、防火診断、住宅の耐震性、防火性能の向上、火気設備の安全、消火設備など）
- 大地震、津波など、災害に伴う高齢者の安全避難体制の確保
- 高齢者に配慮した避難場所の環境整備と地域防災計画
- 関係機関との連携、隣保共助体制

　これらの問題は、消防だけで解決できる問題ではない。当然のことながら福祉関係部局、NPO、町内会、自治会、医療機関などとの連携が重要となる。

　それぞれの都市の実情を把握し、モデルとされている他都市の実情を把握し、今後のあるべき姿について研究しておく。

(6)　**災害の「危機管理対策」**

　危機管理は、国家危機管理、災害危機管理、行政危機管理、金融危機管理、企業経営危機管理などに区分することができる。とりわけ「災害の危機管理」は、大地震災害、テロ事件、原子力施設災害、大規模な風水害、危険物事故な

ど、消防の業務と密接不可分な関係にある。このため、危機管理の基本原則である事前対策、渦中対策、事後対策を通じて損害の軽減に努める必要がある。

危機管理の重要性については、徐々に認識されつつあるが、国・地方公共団体、消防を含めて現状は脆弱である。

小論文の問題には、危機管理という表現で出題されることは少ないように思われる。しかし、将来的には、危機管理やリスクマネジメントの考えは非常に重要な問題で、今後、数多く出題されるものと思われる。危機管理という言葉を用いないにしても、危機管理の考え方を前提にした答案を書かなければ説得力のある答案にならないと思われる。

小論文で、災害の危機管理やリスクマネジメントの考えを前提にした答案を書くには、先進国の危機管理体制の在り方や危機管理、リスクマネジメントに関する教本を参考にする必要がある。

この種の本はいろいろ出版されているが、入門書としては、亀井利明関西大学教授の『危機管理とリスクマネジメント』（同文館）、『企業危機管理と家庭危機管理の展望』（日本リスク・プロフェショナル協会）が分かりやすい。

○　大地震対策と危機管理

また、小論文では、大地震に関する問題が出やすいので注意しよう。大地震に対する危機管理の現状を理解するには、先進国との比較、国の対策、地方公共団体の対策、市町村や消防本部の対策について比較検討する必要がある。また、マスコミの論評、有識者の意見、審議会や各種調査結果報告などの意見や考え方に注意をはらう必要がある。

阪神淡路大震災を教訓に、内閣府に危機管理体制が整備され改善されたが、依然、平常時の災害の延長線で災害対策基本法の手直しが行われた程度で、危機管理体制が確立されたとは言い難い。

民間企業においても、大地震災害対策に対する経営者の危機管理意識は、全般的にみて希薄である。スイス民間防衛組織やアメリカの連邦緊急事態管理庁（FEMA）など、欧米にみられる危機管理体制を参考に、事前対策の在り方や災害が発生した際の渦中対策、事後対策など、危機管理の基本原則を取り入れ

る必要がある。

　地震対策に対する考え方は、都市によっても大きな違いがある。例えば、阪神淡路大震災では、神戸市は、大地震の発生を予想していなかったために、対策がほとんど講じられていなかった。

　地震予知を前提にした東海地震に目を奪われているうちに、阪神淡路大震災が発生して多大なる損害を被った。地震予知は、技術的にも問題があるといわれているが、今もなお東海地震を中心にして被害想定地域を拡大し、東南海・南海地震の被害想定を行っている。

　特定地域に限定して地震発生の危険を強調することは、他の活断層のある危険な地域の警戒心や対策に遅れが生じることが懸念される。

　最近は、マスコミでも地震予知の限界を感じたのか、疑問視する論評が目に付く（本書26ページに引用した日経新聞記事「地震に学び予知の呪縛を解け」参照）。

　小論文対策として重要なことは、マスコミや有識者の大地震災害に対する論評、書籍に関心をもつことである。大地震災害に対する災害リスク把握、施設の耐震性、装備・資器材の現状、防災教育訓練の在り方、災害弱者対策、隣保共助体制、消防団や市民・企業の防災組織などについて現状を正しく認識する必要がある。そうすることによって、問題点や相違点が一層明確になる。このことは自分の意見をもったよい小論文を書く秘訣だといえる。

　前出の危機管理・リスクマネジメントの専門家、亀井利明教授は、阪神淡路大震災で軽度の被害を受けた方だが、教訓として次のように述べておられる。

　「防災リスクに対処するに当たって最初から行政に依存するのは間違いである。

① 個人は常に防災意識を持ち、自助努力（2、3日は）、互助努力、公助の順を考える必要がある。災害の責任はあくまでも個人であり、企業や行政の責任ではない。

② 誰が作成した危機管理マニュアルであっても、絶対安全というものはなく、臨機応変に対応し、身をもって実践するリーダーに従うことである。

③ 経済を優先させ、安全を軽視して、天災を人災化してはならない。
④ 無知、情報欠如、デマは被害を拡大し、安全確保をはばむ。
⑤ 正確な災害情報を入手し、避難勧告を守り、恐怖や不安を除去する。
⑥ 災害による被害を過大視し、救助、消火を怠り、「逃げる防災」のみを考えず、「守る防災」、「闘う防災」へと発想を転換せよ。
⑦ 災害を軽視し、自分は大丈夫だといった正常化の偏見をもってはならない。
⑧ ボランティアを活用し、彼らの好意を素直に受け入れよ。
⑨ 地方自治体はかりに負担が大となっても、自衛隊の出動を決断せよ。
⑩ 規制緩和の時代でも安全規制を緩和してはならない。」
(亀井利明『企業危機管理と家庭危機管理』p.60、日本リスク・プロフェショナル協会)

○ **防災訓練の在り方**

防災訓練も小論文の問題として取り上げられやすい。このため次の点について、従来から進めてきた防災訓練、震災訓練の在り方についても、再検討(再確認)してみる必要がある。

- ❖ そのとき、どう行動すべきか。
- ❖ 避難よりも人命救助を!
- ❖ 地震!火を消せ!は正しいか。
- ❖ 大地震への備えは十分か。
- ❖ 自助努力の重要性

関東大震災では、火災により多くの死者や焼失家屋を出したが、阪神淡路大震災では、家屋などの倒壊による多数の圧死者を出した。

阪神淡路大震災が起こるまでは、もっぱら関東大震災が地震のモデルにされ、「地震!火を消せ!」、「避難」を重点に訓練が行われてきた。このため人命救助の重要性については、ほとんど取り上げられてこなかったのである。したがって、それまでの地震対策について書かれた危機管理やリスクマネジメントに関

する教本、企業の対策指針・マニュアルには、地震発生時の人命救助や救護の重要性については、ほとんど触れられていない。

阪神淡路大震災の直後、西宮市に入り調査された㈱防災システム研究所長の山村武彦氏は、次のように述べている。

「生き埋めになった人たちが大勢いた。屋根に上がって救助活動をしている人が『のこぎりはないか』と叫んでいる。周囲には家が何軒もあるのに、他の人達は一体どうしたのかと聞くと、みんな避難しているという。地震が起こると多くの人達は広域避難場所に避難する。これは間違った訓練の結果ではないか。」

○ 「地震！火を消せ！」は正しいか？

失敗学で有名な畑村洋太郎氏（工学院大学教授）は、『失敗学のすすめ』で次のように述べている。

「例えば、『地震がきたら火を消せ』という教訓があります。地震後の火災で多くの犠牲者を出した関東大震災の経験に学んだもので、過去の失敗経験を変換して知識として見事に定着させた言葉の代表です。とはいえ、この短いフレーズにしたがって、地震が起こったその瞬間に慌てて火を消そうとしたら、当然、その人はやけどを負ってしまうでしょう。

この言葉にこめられた意味は、地震がきたら振動がおさまるのを待って、それからすぐに火を消せという教訓です。これは、失敗情報が単純化して伝わったために、知識としての正確な内容の伝達が妨げられている典型例です。

実際に地震を経験すれば、揺れている最中に火を消すことがいかに危険であるか分かるはずです。『地震、火を消せ！』を聞いて、自分の中で「地震が発生したら揺れが収まるのを待って、それから火を消せ」にと補足修正することも、容易にできます。

それもこれも、その人の中に地震の状態に関する情報が正確に根づいているからこそでてくることです。失敗から得た知識をうまく利用するには、失敗そのものの正確な分析は不可欠で、そのためにも失敗情報の伝達は、単純化せず細かい経過や原因を含んで行うべきなのです。」

(畑村洋太郎『失敗学のすすめ』p.87、講談社)

○　大地震と身の安全
　また、自然地理学・変動地形学の専門家、鈴木康弘氏は、従来の防災教育は、阪神淡路大震災では、あまり役に立たなかったと、次のように述べている。
　「阪神淡路大震災の際、神戸をはじめとするいくつもの都市を崩壊させたのは、たった10数秒間の振動だった。このような地震を我々はあまり経験していなかったし、東海地震などを想定して行われてきた防災教育においても取り上げられてこなかった。「大地震の際には揺れが一分以上続き、最初に震動を感じた時に机など丈夫な家具の下に身を隠して、強い揺れが収まるまでじっとしていましょう。屋外は物が落ちてきて危険なので、家の中に留まりましょう」と教育されてきた。
　ところが阪神淡路大震災においては、この防災教育はあまり効果的ではなかった。もちろん家具の下に身を隠して、一命を取り留めた例は少なくないと思われるが、そもそもどのように身構えるかを考える間も、野外に走り出す猶予もほとんどなかった。そして皮肉なことに、建物そのものが想像を超える割合で倒壊し、凶器となってしまった。地震直後に何らかの形で下敷きになって動きが取れなくなった人の数は、数十万に上ったという。「こんな大災害は想定を遥かに超えていた」というコメントを多く耳にしたが、実は過去にもこのような経験を多く繰り返していた。」
(鈴木康弘『活断層大地震に備える』p.22・23、ちくま新書)

　以上、震災訓練などの在り方については再検討が必要であることを、専門家の言葉を借りて述べた。是非参考にしていただきたい。
　また、サリン事件などのテロ災害、放火、原子力災害などについての危機管理の在り方も研究しておくべきであろう。そうしたテーマでは、消防が災害活動を行う上で重要な事前対策、渦中対策など、危機管理の基本原則に立った持論を展開していただきたい。
　そのためには有識者の意見、論評、新聞、雑誌、機関紙などに関心を持って

読んでいただきたい。消防の職場の中では見聞しない意見があるだけに参考になる。いろいろな人々の意見を知ることによって、自らの考え方にも幅と奥行きが出てくる。説得力のある答案を書くには、大変、重要なことだと思う。

行政課題や実務に関する小論文を書くためには、平素から問題意識を持って、解決策を考える習慣をつけることが大切だ。行政課題は、問題を出す側が決定的な解決策が見いだせないために、あえて小論文テーマとして取り上げ受験者の考えを問うこともあるのではなかろうか。

社会の変化や新たな災害の発生は、出題のテーマとなりやすい。小論文は、過去の経験法則や物事の原理原則に当てはめるだけでは、よい答案を書くことは難しい。

「積極的なミスを犯してはならない。おかしな意見を述べたら減点されるだろう」と慎重になりすぎると、結果としてよい答案は書けない。問題意識を持って伸び伸びとした自らの意見や考えを思い切って、答案にぶつける勇気が必要だと思う。

参考文献

レポート・小論文・卒論の書き方　　保坂弘司　　講談社学術文庫
論文の技法　　ハワード・S・ベッカー　　佐野敏行訳　　講談社学術文庫
文章の書き方　　尾川正二　　講談社学術文庫
文章表現の技術　　上垣節也　　講談社学術文庫
論文のレトリック　　澤田昭夫　　講談社学術文庫
文章構成法　　樺島忠夫　　講談社学術文庫
ホンモノの文章力　　樋口裕一　　集英社新書
書く力が身につく本　　福島哲史　　PHPP文庫
何を書くか、どう書くか　　阪本元　　PHP文庫
文章を書くヒント　　外山滋比古　　PHP文庫
論文の書き方　　澤田昭夫　　講談社学術文庫
論文・レポートのまとめ方　　古郡廷治　　ちくま新書
文章の技術　　轡田隆史　　三笠書房
合格する試験論文の書き方（実践編）　　大島稔彦　　公職研
入門論文の書き方　　鷲田小弥太　　PHP新書
文章添削トレーニング　　古郡廷治　　ちくま新書
入門・論文の書き方　　鷲田小弥太　　PHP新書
消防のリーダーシップ・部下指導　　高見尚武　　東京法令出版
リスクに備える職場の管理　　高見尚武　　研修館
現代の行政管理　　吉富重夫　　勁草書房
自分を豊かにする心理学　　本明寛　　PHP文庫
知的生活　　P・Gハマトン　　渡部昇一・下谷和幸訳　　講談社学術文庫

あ と が き

　小論文対策は、単に昇任試験のための対策であってはならないと思う。多くの受験生は、試験勉強は昇任試験に合格するための一里塚で、試験にパスして早く開放感を味わいたいと思っているだろう。だが、私はそうであってはならないと思う。

　昇任試験は、ノルマと考えるべきではない。自らの能力開発のための自己啓発と考えるべきである。毎日、毎日の生活習慣に定着させることによって、自ら大きな力を貯えることができる。

　本書で、終始一貫、リーダーシップとマネジメントの重要性を主張してきたのも、まさに小論文対策を通じて、自己啓発、能力開発を進めることが重要と考えたからである。

　本書は、消防の小論文対策であると同時に、自己啓発の書、能力開発であると考えている。読者の皆さんが少しでも本書の趣旨を理解し、実践していただけるならば、本書の目的は達したのではないかと思う。

　小論文のテーマについては、筆者独自の判断で解説を試みた。文章の表現やコメントに不十分な点が少なくないと思われるが、忌憚のないご叱正やご指導をいただければ幸いに思う。

　本書の出版について快くお引き受けいただいた東京法令出版㈱に、心から感謝を申し上げると共に、終始、貴重なアドバイスをいただいた企画開発部、笠松則男さんには、心から感謝とお礼を申し上げたい。

　平成16年5月

高 見 尚 武

著者略歴

高 見 尚 武（たかみ しょうぶ）

現　　在
災害リスク研究所（代表）。企業危機管理士。
「ソーシャル・リスクマネジメント学会会員」、「子ども安全学会会員」。災害リスクに関する執筆、ネットによる災害リスク情報の交信・安全の普及に努めている。

略　　歴
中央大学法学部卒業。
東京消防庁に勤務。荏原消防署長、総務省消防庁・消防大学校副校長、東消・予防部長等を経て退職。
セゾングループ顧問、消防大学校・消防学校・企業セミナー、彩の国いきいき大学等の講師。東日本大震災後は、「市民のリスクと安全を守る会」を結成、市民、中小企業を対象にボランティア活動を行った。

主な著書
『若き消防官に贈ることば』　　　　　　　　　　　近代消防社
『消防行政管理　職場のリスクマネジメント』　　　近代消防社
『消防のリーダーシップ・部下指導』　　　　　　　東京法令出版
『幹部の能力開発・自己啓発』　　　　　　　　　　近代消防社
その他、多数。

消防小論文の書き方と対策

平成16年 5 月30日　初 版 発 行
令和 3 年10月15日　初版21刷発行

著　者　高　見　尚　武
発行者　星　沢　卓　也
発行所　東京法令出版株式会社

112-0002	東京都文京区小石川 5 丁目17番 3 号	03(5803)3304
534-0024	大阪市都島区東野田町 1 丁目17番12号	06(6355)5226
062-0902	札幌市豊平区豊平 2 条 5 丁目 1 番27号	011(822)8811
980-0012	仙台市青葉区錦町 1 丁目 1 番10号	022(216)5871
460-0003	名古屋市中区錦 1 丁目 6 番34号	052(218)5552
730-0005	広島市中区西白島町11番 9 号	082(212)0888
810-0011	福岡市中央区高砂 2 丁目13番22号	092(533)1588
380-8688	長野市南千歳町１００５番地	

〔営業〕TEL 026(224)5411　FAX 026(224)5419
〔編集〕TEL 026(224)5412　FAX 026(224)5439
https://www.tokyo-horei.co.jp

ⓒShoubu Takami, Printed in Japan, 2004

本書の全部又は一部の複写、複製及び磁気又は光記録媒体への入力等は、著作権法上での例外を除き禁じられています。これらの許諾については、当社までご照会ください。

落丁本・乱丁本はお取替えいたします。

ISBN978-4-8090-2180-0